Taiwan

台湾ホモナショナリズム

「誇らしい」同性婚と「よいクィア」をめぐる22人の語り

松田英亮

花伝社

Homonationalism

台湾ホモナショナリズム――「誇らしい」同性婚と「よいクィア」をめぐる22人の語り◆目　次

序章　「台湾＝ＬＧＢＴユートピア」像の広がり

「台湾は、アジアで初めての同性婚を合法化させ、先進的で民主的な価値観を持つ国として、誰もが結婚できる、自由で開放的な社会を作った。そして、アジアおよび国際社会におけるロールモデルとなり、性別にかかわらず誰もが普通の市民として扱われる空気と、誇らしいムードに溢れている。」

……と、ここまでの「一見素敵な」文章を、あなたはスラスラと違和感なく読めただろうか。もし読めたならば、「全ての性的少数者は、同性婚を、揺らぎない解放の道と考えているに違いない」と疑わなかった昔の私と同じかもしれない。「一体、どこに引っ掛かりを覚えるの⁉」と。

では逆に今度は、「同性婚に反対する性的少数者」や「ナショナリストのＬＧＢＴ」と聞いて、すんなり読み流せる人はどれくらい存在するだろうか。私の研究テーマを聞いた殆どの人が、混乱と好奇心の混ざった怪訝な顔で質問を飛ばす。「同性婚になぜ当事者が反対するの？　性的少数者の自由や平等の為に、絶対に必要な権利でしょう？」「ＬＧＢＴがナショナリストってどういうこと？　長らく国から抑圧・排除を受けていた人でしょう？　そもそも、ＬＧＢＴとナショナリズムって何か関係あるの？」「ＬＧＢＴの権利がある国を先進的と称して、何か不都合なの？」と。

これらの素直な疑問は、性別や国家というものを常に考えなくても生きられる人々にとって、そして、人権が国の先進的な尺度として機能し始めた国際的な流れの中では、大変「自然」である。この本を手に取っている人であれば、善意と応援の意味を込めて「私達／あなたの国でも、同性婚が早くできると良いよね」と言葉をかけた／られた経験もあるのではないだろうか。しかし（例えば様々なフェミニストがいるように）、主流的な主張や立場から外れた意見を持つ性的少数者だって当然存在する。

性的少数者の中でも、様々な理由で婚姻制度にアクセスすることがより困難な人々、そもそも「先進性」の尺度や婚姻制度自体に懐疑的な者、婚姻とは異なる親密な関係性を望む者、外国籍、障害、低所得者、セックスワーカー、エスニックマイノリティの性的少数者など……、複合的に重なる属性や立場によって不自由を被る人々にとっては、同性婚や婚姻制度を複雑な気持ちで受け止めざるを得ない状況も存在する。そんな、「運動に水を差すのではないか」とモヤモヤを抱えた性的少数者の声に触れた私は、「ＬＧＢＴユートピア」のように語られる事が増えた台湾で、調査を始めることとした。

台湾の主体性や性的少数者らの運動をどう解釈するか、という問いは慎重さなしには語れない。「（性的少数者の人権を約束しない中国と異なり）欧米と肩を並べ、同性婚を勝ち取った、誇らしい台湾の性的少数者たちの物語」という先入観をもって見るべきではないし、そんな欧米モデルが前提となった直線的解釈では、台湾の文脈が簡単にこぼれ落ちる。どんな運動にも内部緊張関係は存在するが、変化の激しいこの（国際）社会や運動の中で、上手く舵を取るためにその対立が隠されていく過程を見過ごさず、複数のリアルを描写するにはどうしたら良いか。ジレンマを抱えつつ、決して一枚岩ではないこの重層的な社会、そしてインタビューに協力してくれた22人のアンビバレントな感情に、真摯に向き合う事が求められるだろう。

この章では、議論に先立って、私の問題意識について大まかに話していく。この本を読み進めるにあたっては、「主張や立場に濃淡があり、内部緊張関係がありつつも、ゆるく繋がったり／離れたりする様子」を想像しつつ、この本のリサーチクエスチョンである、〈周縁化された性／生を生きる人々にとって、（中国を念頭に置いた）台湾ホモナショナリズムや婚姻制度は、どの様に解釈されているのか。更に、それに批判的でありつつも、構造的弱者とされる人々の生存の試みを矮小化しない、差異を意識した連帯や抵抗がどう可能となるか〉を常に頭の片隅に置いてもらいたい。

0-1　「人権先進国」が隠蔽するものは何か？

現在、女性の権利や「同性婚」等の性的少数者の権利を巡る諸問題は、人権という視点から、各国の「先進性」を図る尺度として機能し始めている。確かに、社会的弱者にとって、その尺度を利用する事で得られる、社会的承認や権利向上という肯定的側面は存在するだろう。

しかしその尺度は、欧米を始めとした多くの国々の様に、「人権先進国を自ら謳う」事で、時に、

写真０−１　東京レインボープライド2019でイスラエル大使館ブースが置いたパネル「世界で一番ゲイフレンドリーな都市テルアビブ」前でのスタンディング／非暴力哀悼ビジル。「Queers Against Pinkwash」「占領にプライド無し」と書かれている。抗議に対し警察が呼び寄せられた。（筆者撮影 2019.5.6）

その裏で振るわれた暴力を隠蔽するものとしても機能している。「先進性」が暴力の隠蔽につながるとは、一体どういうことだろうか。「ピンクウォッシュ」という言葉を例に考えてみよう。ピンクウォッシュとは、サラ・シュルマン氏によって広まった概念で、性的少数者を支援する「近代的な」姿勢を積極的に打ち出すことで、イスラエル政府によるパレスチナ人への人権侵害を覆い隠し、「性的少数者に厳しいイスラム文化圏に比べ、イスラエルは人権先進国である」と謳い、暴力を正当化するイメージ戦略を批判的に表した言葉だ（The New York Times 2011）。

現在このピンクウォッシュという言葉は、イスラエルなどの国家単位に限らず、広く様々な場面で用いられるようになっている。例えば日本であれば、２０１５年に「同性パートナーシップ証明」制度を導入し、「渋谷区男女平等及び多様性を尊重する社会を推進する条例」を制定した渋谷区が、ダイバーシティに積極的な姿勢を示す一方で、ホームレスの人々を強制排除していることがピンクウォッシュとして批判された（GQ Japan 2022）。他にも、国会では（ＬＧＢＴ差別解消法案を提出した野党にとっては妥協を重ねた）「ＬＧＢＴ理解増進法」ですら提出見送りとなり、議員による差別発言が噴出した中、２０２１年夏の東京オリンピック・パラリンピックにて、「多様性と調和」を理念として掲げ、開会式では歌手のMISIAが虹色のドレスをまとい、閉会式では性や家族の多様性を歌うリナ・サワヤマの「Chosen Family」を使用し、対外的なイメージ向上を狙ったことも、記憶に新しい。また、ＬＧＢＴ支援のフリをする企業が、（実際にはシスジェンダー・異性愛中心な制度を温存したまま）企業の「先進的」ブランドイメージ獲得や、金儲けとしてＬＧＢＴを利用するようなマーケティング戦略を行う事も、非難を込めてピンクウォッシュだと称された（GQ Japan 2022）。

写真０－２　同性婚の法案が可決された2019年5月17日、立法院前に集まる台湾の大衆。台湾をかたどった形と「結婚吧（結婚しよう）！ MARRY ME」が書かれた虹色の旗が振られた。（中央通訊社 2019）

なお、イスラエルが「ＬＧＢＴの権利を擁護する自由な国」という国家的イメージ戦略を使用する事で、パレスチナに対する国家・民族的な差別を相殺する手法は、国際的な非難を浴び、世界中で抗議運動が起きている（Spade 2015：140）。筆者撮影の写真の通り、東京プライド・パレードに参加していたイスラエル大使館前でも抗議が発生し、日本も例外ではない。

では、アジアにおいて「ＬＧＢＴ先進国」を謳っている場所はどこだろうか。最も顕著なのは、「アジア初の同性婚合法化」を成し遂げ、「ＬＧＢＴフレンドリーな国」として益々表象されるようになった台湾であろう。それを強く印象付けたきっかけには、２０１７年５月に公表された台湾の司法院大法官会議の「同性婚を認めない現行の民法の規定は違反だ」という憲法解釈、そして２０１９年５月の同性婚を認める特別法の合法化がある。２０１９年当時の残る課題としては、連れ子養子を除く共同養子や人口生殖が認められない事や、両国が同性婚を認めている限りにおいて国際結婚が可能といった制限などがあったが、限定的ではあるものの、婚姻の権利が認められた（※後述するが、２０２３年時点では更に法整備が進み、これらの制限は部分的に改正された）。

この時、台湾における主流派同性婚推進運動は「First in Asia!」というフレーズを使用し、「台湾は同性婚合法化を成し遂げたアジア初の国家」や「人権を保障する、自由で、先進的で、民主的な国」というメッセージを世界に向けて発信したのである。では、この一見キラキラした先進性イメージの裏に、先に挙げたような暴力の隠蔽が発生していたのだろうか。

まず、台湾がこの様な「先進性」言説を強調する際、参照される対象は中国であると言われている（福永 2017b：212）。中国を参照した発信とは、一体どういうことだろうか。簡単に言ってしまえば、「台湾は、中国と違って人権を保障し、中国と違って自由で、中国と違って民主的な、中国と違ってＬＧＢＴフレンドリーで、先進的な国である」と、意図的かどうかにかかわらず、中国との差異化を（時に明示的に）裏側に含んだメッセージを発信しているということだ。つまり、中国との緊張関係、および、台湾の国際的な立場の弱さ故に成り立つ、台湾ナショナリズムとの親和的な関係が指摘されているのである。

ここで私が持つ批判的問題意識は以下の通りだ。一つ目は、「中国＝同性愛嫌悪」対「台湾＝LGBTフレンドリー」という二元論的構造である。これにより、台湾内で実際に差別されている性的少数者の声が不可視化され、同時に、中国内で蓄積してきた性的少数者達の運動の歴史が軽視されることが懸念される。二つ目は、それによって、米国中心の西洋モデルを正当化・担保しつつ、中国に対する差異化を図るような、台湾ナショナリズムとセクシュアリティの政治が結びつく現象についてだ。これらを議論の出発点として捉えたい。

しかし、この議論には、様々な疑問が早速湧き上がる。例えば、果たして台湾政府は、LGBTフレンドリーなフリをして、実際には性的少数者を搾取し、中国を後進的だと位置付けるイメージ戦略をとり、その暴力を隠蔽する「極悪な」行為を行なっているのだろうか。台湾の性的少数者は、国際的承認を得るために「もっとも洒落ていて、もっとも都合の良いゲイライツ」（何春蕤 2013）を利用する政府と共犯関係になっているのだろうか。当事者団体の長年の努力と積み重ね、政府との連携、実際の法制化を果たした事は、一方的に批判されるべきものなのだろうか。やはりそれは台湾が持ちうる歴史や運動の文脈軽視だろうか。だからといって、そのような安易な二項対立に隠される暴力を放置できるのだろうか。中国からの軍事・経済・政治などの圧力が実際に存在する現状を鑑みれば、それらは正当化されるものだろうか。新たな性規範とナショナリズムから零れ落ちる存在とは誰なのか。そもそも、西洋起点で議論が広まったピンクウォッシュや（後述する）ホモナショナリズムという概念を、果たして台湾にそのまま当てはめて良いのだろうか。これらの疑問に答えるには、ナショナリズムと複雑に絡まった性政治と、重層的な台湾社会と真摯に向き合うことが必要となるだろう。

確かに、台湾の状況はイスラエルが行うイメージ向上戦略のように一見見えるかもしれない。しかし、それらを同列に扱うのはやはり極めて安易であろう。そもそも台湾は、イスラエルにおけるパレスチナの様な問題を同様に抱えているわけではなく（≒中国が台湾の占領下にあるわけではなく）、「ＬＧＢＴに関する人権保障の先進性を台湾が自ら謳う」事に対して国際的な抗議が起きたわけでも無い。この背景には、台湾が、海を挟んだ中国との関係において、構造的弱者である事が理由の一つとして挙げられるだろう。また、この本で読み解いていく台湾文脈のホモナショナリズムには、イスラエル・パレスチナ間で発生している「国家的・民族的な差別のウォッシング」といった相殺効果というより、むしろ、国家として国際的評価を高める「サバイバルの手段」としての機能が盛り込まれるのではないか、という側面にも注目したい。この点を、従来の（台湾）ホモナショナリズム分析へ新たな知見をもたらすものと位置付ける。

ただし、「先進性」を謳う事を通した国家的な「後進性」ラベルの付与対象は、何も中国に限ったものではない。台湾では、東南アジアからの移民に対して様々な差別が存在し、特にムスリムに対する「まなざし」は社会問題の一つになっている。つまり、「後進的」とされる東南アジア諸国からの性的少数者の移民や、「中国的身体」、台湾というアイデンティティから距離を取る人、台湾人でありつつ台湾的でないとされる人々、非規範的とされる性関係やセクシュアリティを生きる人々の声を拾う事が、この議論を進める上で、鍵となるだろう。誰が「台湾的で」「良識的な」「同志[1]」と構築される／されないのか、誰がこぼれ落ち、運動から「後回し」にされているのかなども、問題意識の一つとして考えていきたい。

これらを描写するには、様々な挑戦や課題がある。例えば、「台湾＝ＬＧＢＴユートピア」という表面的な先進性イメージにも、「われわれは進歩的な人民だと自惚れた、プロパガンダ的な完全悪のナショナリスト」という脱文脈化された安易な理解にも回収されない、「非規範的とされる性／生を生きるわたし（たち）」をどのように語れるかだ。他にも、「周縁化された性／生を生きる人々にとって、『台湾は先進的』という語りは、どう位置づけられているのか」そして、「その自らと国家の関係性の位置付けにより、どの様な『われわれ意識』が醸成され、『認められた性的他者』と『認められない性的他者』の分断が構築されるか」など、「ある社会の中で置かれる性的少数者の立ち位置によって社会の発展性を測る」進歩史観を、周縁化された性／生を生きる人々は、どの様に解釈、反応、抵抗しているのかという問いにも向き合わなければならない。更に、「台湾ホモナショナリズム批判において、反婚視座との接続はどのような効果を持つのか。または、どのような関係にあるのか」という問いもあるだろう。以上の多岐にわたる問題意識を起点として、分析を進めたい。

0-2　性とナショナリズムの交差性を研究する目的と意義

この本の目的は、性的少数者の権利や承認を主張する事ではなく、むしろ特定の身体に特権を与える制度の温存・再強化や、人々を婚姻制度や異性愛規範との親和性が高い事柄へ自ら服従させる様なヘゲモニー（覇権）を問い直す事にある。そしてそれがナショナリズムと交差した時、性的少数者の権利の支持を国家主義に編入する企みによって、国家安全保障を口実とした排外主義の強化、又は国家のサバイバルの試みが、どの様に構築されるかを分析する。

　更に、脱文脈化された安易な台湾ホモナショナリズム批判に対し、中国との関係において、「台湾というナショナルなもの」が否定されている「構造的弱者としての台湾」にも意識した記述を盛り込んでいく。しかし、だからといって、本書の目的は「台湾ホモナショナリズムを正当化すること」ではない。むしろ、従来のホモナショナリズム分析がいかに欧米の文脈に依存してきたかを示し、文脈と立場によっては全く異なる意味を持ち得ること、それが生存戦略としても機能すること——それが新たなわたし（たち）の排除を生みかねない構造的問題を自覚的しつつも——に焦点をあてることにある。この点においては、本書における誤読を避ける為にも、筆者の立場性を強調し、丁寧に記述していきたい。

　では、この研究を行う意義とはなんだろうか。まず、西洋異性愛白人男性中心主義に基づく歴史記述において、軽視、排除され、語り継ぐ行為・術を奪われてきた、非規範的とされる人々の抵抗や連帯、「名もなき運動や声」を描き出していきたい。そしてそこには、重要な社会的意義があるだろう。また、21世紀において、国境を超えて益々議論が活発になってきた、現代的な本研究テーマへの理解を深める事に、貢献が期待できるだろう。

　また、この研究を日本語で執筆する意義も十分あると考える。近年、日本の主流社会においても「ＬＧＢＴフレンドリーな台湾」表象は益々増えており、日本での性的少数者の権利を語る際には、同じアジアである台湾の事例が参照されることが少なくない。一般的な台湾のプレゼンスも、増加傾向にあった「身近で、親近感のある、どこか懐かしい、エキゾチックな」台湾旅行や、タピオカブーム、トランスジェンダーでデジタル担当大臣の唐鳳（オードリー・タン）、新型コロナ対策などを通じ、以前より高まっている。政治面では、2022年のロシアによるウクライナへの軍事侵攻に触発され、「台湾有事」という言葉があちこちで語られるようにもなった。それにもかかわらず、日本における一般的な「台湾理解」は非常に乏しく、限定的で、かつ人気の理由も「『親日』であること」が強調される事が少なくない。そこには、「他アジア諸国」に着目する事よりも、関心事の中心を欧米に傾倒させる、内面化した西洋中心主義も要因の一つとして考えられるだろうし、「日本人は先進国の民である」と自国のポジションを優位に置いた上で台湾を理解しようとする、ポスト植民地主義的な台湾への眼差しも影響しているだろう。現に、台湾側の「日本理解」と、日本側の「台湾理解」には雲泥の差があり、それは明らかに非対称的である（台湾側の「日本理解」にも問題が無いわけでは勿論無いが）。この様な状況を放置する事は、台湾の積み重ねてきた重層的な文化的・政治的土壌等を無視した「台湾理解」の広がりを意味するのではないだろうか。だからこそ、手放しで台湾を称賛する「台湾好きな人」にこそ、日本語で書かれたこの本を読んでほしい。この本が、より多角的な「台湾理解」の広がりに貢献できたら幸いである。

0-3　22人のインタビュー対象者

この本で最も重要な、「語り」の提供者である22人のインタビュー対象者達は、一体どんな人

図表0－1【出生時に割り当てられた性別と現在の性自認】

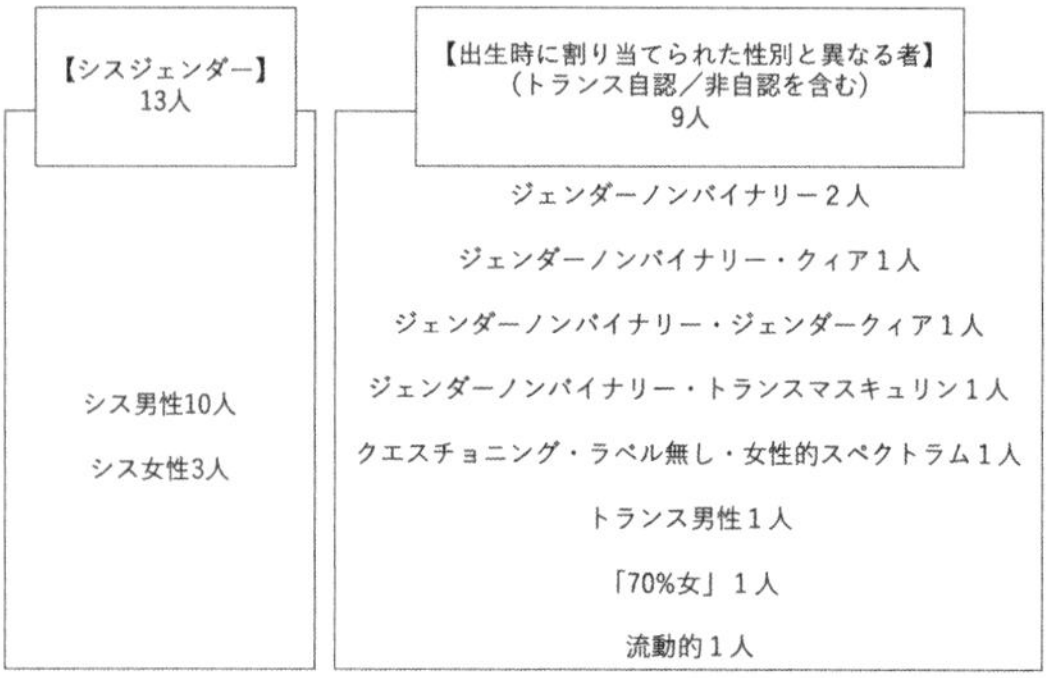

※表現は全て本人の説明によるもの

達だろうか。本研究の対象者には、①「20～30歳」、②「（主に性的少数者を念頭に）性規範から外された人々」、③「台北及び周辺地域に生活基盤を持つ者（出身やエスニシティは考慮）」を設定した。詳しい属性については、上記の図および本書末尾にある資料を参考にしてほしい。

この図を見て分かる通り、それぞれの属性は必ずしも固定的ではなく、流動的であったり、本人が意識している度合いによったり、不明瞭であったりもするため、できる限り本人が当時表現した言葉をそのまま記している。各属性の説明を知りたい場合は、第1章4節「カテゴリーの暴力性」を参照すると、分かりやすいであろう。なお、若年層のみに限定した理由は、台湾におけるナショナルアイデンティティに対する考えに世代間差異が大きいこと（勿論同世代でも異なるが）、本研究に関わる運動の担い手に若い世代が多いこと、そして筆者自身のアプローチできるリソースなどを考慮した結果である。

研究手法は、長期フィールドワーク、スノーボールサンプリングによる半構造化インタビュー（22人・44回・計1

図表０－２【性的指向】

ゲイ／男性同性愛／男同志	8人
全性愛	2人
両性愛	2人
両性愛・「レズビアン寄り」	1人
両性愛・クエスチョニング・「好きになった人が好き」	1人
両性愛・「クエスチョニングという意味のクィアが近いが、反カテゴリー化の為ラベル無しでもある」	1人
両性愛・全性愛・無性愛スペクトラム	1人
ゲイ・バイロマンティック	1人
「ゲイからクィアに移行中」・無性愛スペクトラム	1人
クィア・「性別移行後、消失中カテゴリーとしてのレズビアン」・無性愛スペクトラム	1人
流動的・非異性愛・「恐らく全性愛だが男性的男性/女性的女性は性的対象外」	1人
流動的・非同志・非異性愛・「全性愛に近い」	1人
異性愛	1人

※表現は全て本人の説明によるもの

図表０－３【国籍】【人種・エスニシティ】

中華民国籍 18人	「閩南系漢民族」		6人
	「恐らく漢民族」「台湾人は皆色々と知らずに混ざっている筈なので不明」		4人
	「恐らく閩南系漢民族」		3人
	【母】「タイヤル族」	【父】「閩南系漢民族」	1人
	【母】「閩南系漢民族（祖母は恐らく客家系）」	【父】「上海系外相人」	1人
	【母】「閩南系漢民族」	【父】「外相人」	1人
	【母】「客家系漢民族」	【父】「閩南系漢民族」	1人
	【母】「澎湖人」	【父】「広東人」	1人
マレーシア籍	「マレーシア華人」「在台5年」		1人
	「『Chinese Malaysian』でも『中国人』でも『マレーシア人』でもなく『華人』だ」「在台10年」		1人
中華民国&日本籍	「台湾生まれ華裔日系二世香港ダイアスポラ」「在台11年、在日10年、在米1.5年」「【母】日本人【父】『【祖父】上海人+【祖母】外省人2世』の香港人」		1人
中華人民共和国籍	「中国人」「漢民族」「西安出身」		1人

※表現は全て本人の説明をまとめたもの

00時間以上）を選び、台北市を主なフィールドと設定した。具体的には、性別にまつわる5団体の集まりに定期参加しつつ、それに付随したイベントや読書会、シンポジウム、ボランティア、パレード、デモ、音楽祭など、年間で約100〜150回の活動空間に足を運んだ。現地調査期間は、2018年夏に台北で行った1ヶ月の短期調査、2018年冬・2019年春の東京での予備調査、2019年8月〜2020年7月にかけた国立台湾大学でのフィールドワーク1年、2021年冬の3ヶ月の滞在だ。

問題や対象者の設定に関しては、限界と遂行可能性を探りながら、変容可能なものとして扱った。理由は、この研究テーマにおいて変化の激しい台湾社会で、事前に問題や対象を固定的に設定する事が、フィールドでの新鮮な発見を見落とす事に繋がり、リアリティとかけ離れた描写をしてしまうリスクが大きくなると考えたからである。そのため、これらの懸念を考慮し、遭遇した実際の現実位に臨機応変に対応したり、随時、文脈に応じて、問題設定や対象を微調整しながら展開することができる、エスノグラフィックな手法を選択した。

フィールドでは、今回参加してくれた多くの協力者達と、とにかく一緒にいる時間をできる限り意識的に増やし、長い期間をかけて、気楽に「自然体で」参与した。気楽に「自然体で」というのは、定期的に集まってご飯を食べ、愚痴を言い合い、共に笑って怒れるセーファースペースを共有し、私的なセーフティネットワークを構築し、勉強を教え合ったり、講演を聞きに行ったり、デモに誘ってもらったり、共に旅行、ゲーム、料理……など、「調査」という意識や側面を強く表出させない様な、「自然な」交流を含めた意味合いである。

ただし、ここで一つ注意点を述べたい。従来のエスノグラフィーでは、長期的に対象集団と触れ合いつつ、「そのままの」「手つかずの」状態を保つ事を意識して研究を行う（Prasad 2005）。しかし、調査者自身がフィールドに与える影響を無視・軽視し、「手付かず」の集団を保持できるなどと驕った姿勢を持つことは、避けられるべきである。むしろ、必ず作用する「調査者が与えるフィールドへの影響」に自覚的でありながら（例えば、私の場合、「日本から来た人」という存在が場に与える影響）、常に限界と可能性について意識する必要がある。この調査では、短絡的に一面だけを相手に投影することへの危険性や、文脈によってお互いが様々な顔や立場を見せ、変容する事を前提とした相互的な影響を念頭に、調査を進めた。

なお、これらの人々は、必ずしも、私が足を運んだコミュニティのみから選ばれたメンバーというわけではない。始めはフィールド内における記号や言説を理解する事も大事だが、相互補完的に、対象コミュニティから距離を取った者の視点も必要だと考えているからだ。また、この調査では、1人につき2回に分けて計5時間の聞き取りを行ったため、各々のパーソナルかつセンシティブな話を含む、思慮に富んだライフストーリーが聞けた。加えて、参与観察で見聞きしたフィールドノートからのデータを、適宜挟みながら論じていく。ぜひ、様々な人の声を感じ取ってほしい。

0-4　本書の構成

この本の構成は、序章と終章を除き、5章で構成される。序章では、今後の議論に先立ち、この研究における問題意識、リサーチクエスチョン、目的や意義、そしてどの様なバックグラウンドを持ったインタビュー対象者が本調査に携わったかを示した。

第1章では、先行研究のレビューを行い、ホモナショナリズムという概念ついて着目していく。米国の文脈を起点に、イスラエルの文脈、概念のグローバル化、そして台湾の文脈について順に提示し、最後に本研究の位置付けをする。また、カテゴリーの暴力性に留意しながら、この本で扱う用語の説明にも触れる。

第2章では、台湾におけるインタビュー調査結果と、米国を主とした反婚視座やホモノーマティビティという概念について、調査と理論を往復しながら論じていく。インタビューパートでは、「普通さ」がいかに自らを抑圧するものと知っていても、「普通」から排除されてきた人々にとって、それは魅力的に映ることは少なくない、という事に着目する。そこでは、「普通になりたい」という承認の要求と共に、「普通さ」に対する抵抗していくような、規範に対する複雑な相反感情が垣間見える。理論パートでは、性的少数者を「普通」と描く事を強調し、主流派社会からの承認を獲得しようとする過程において、異性愛規範を脱構築せず、むしろそれを維持した上で包摂を試みる戦略について、先行研究をまとめていく。

第3章では、台湾がアジアで初めて同性婚合法化を成し遂げた事に対する、ナショナルプライドと反婚視座的な懐疑的視線とのアンビバレンスについて、インタビュー調査から解明していく。主流派社会集団に親和性の高い人々の存在を描きつつも、同時に、メディアで論じられる安易な「社会的少数派による勝利の物語」や「自国・自民族を盲目的に賛美するナショナリズム」のみに回収されない、葛藤を抱えた人々の姿を描く。この章では、このアンビバレントな感情や、「後回しにされたわたし（たち）」による「喜び」、「憂い」、「怒り」の重なりに着目する。加えて、原住民や移民、固定的ナショナルカテゴリーに帰属できない／したくない／難しい「わたし（たち）」による視座を導入し、台湾ホモナショナリズムを論じることを試みる。[2]

第4章では、狡猾さ、脅威、気の毒さ等として語られる「かれら中国」、アジアにおける性的例外主義と同時に機能する生存戦略的側面を有した「われわれ台湾」について論じる。まず、インタビュー調査から表出した「他者的中国身体」に言及しながら、同性婚とナショナリズムをめぐる、中国と台湾の緊張関係を分析する。その上で、リサーチクエスチョンを再確認し、連帯可能性と限界に着目する。更に、「中国への反感」において参照される対象は、中華人民共和国のみではなく、中華民国に対しても向けられる点について、「虹色の国旗」を通して分析を行う。

第5章では、二つの目的を設定し、国際同性結婚における「理想的移民身体」と「非理想的移民身体」の構築について、あるミュージックビデオ「漂洋過海來看你」とインタビューを通した分析を行う。一つ目の目的は、「中国＝同性愛嫌悪」対「台湾＝ＬＧＢＴフレンドリー」という二元論的構造理解や中台関係の文脈依存性からの脱却にある。二つ目は、「複数の顔を持つ台湾ホモナショナリズム」が、「一國四制」との位置付けにおいて、どの様な「われわれ台湾」を表出させるかを分析し、それにより、「中国的身体」のみを対象とした、限定的なホモナショナリズム理解から逃れることを目指すことにある。

終章では、主流的ホモナショナリズム解釈の批判的検討を行い、この研究のリサーチクエスチョンに応答し、この本の総括と今後の課題を述べる。

注

1　同志（tóng zhì）とは、中国語圏にて、狭義では同性愛者（男性が想起され易い）、広義では性的少数者の総称の一つである。本研究では、英語や日本語における「性的少数者をめぐるカテゴリーや枠組み」と異なる、中国語圏における文化的意味付与がなされたものと捉える。詳細は第1章4節「カテゴリーの暴力性」を参照。

2　台湾では先住民族の事を中国語で「原住民」と言い、日本語における否定的意味は含意されない。

第1章　ホモナショナリズムはどのように語られてきたか

本章では、ホモナショナリズムという概念について、これまでどう語られてきたのかをまとめていく。米国の文脈を起点に、イスラエルの文脈、概念のグローバル化、そして台湾の文脈について順に提示し、最後に本研究の位置付けを行う。

1−1　米国とイスラエルにおけるホモナショナリズム概念

同性愛者の権利が高まるにつれ、善意的な人々の中には、国が同性愛にどう応答するかで、その国が先進的かどうかを誤って判断してしまう人もいる。

——*Sarah Schulman*（*The New York Times 2011*）

ホモナショナリズムとは、ジャスビル・プアによって提唱された概念であり、2001年9・11同時多発テロ以降から現在にかけた、米国における「性的例外主義」の形態を明確に問題化したものである（Puar 2006）。

まず、米国の文脈だが、２００１年９・11同時多発テロを中心に話は展開していく。リベラルの中でさえ「米国の敵」がはっきりと「イスラム」となったテロ直後の米軍社会には「ゲイの権利と女性の権利を守る、われわれアメリカ」と「それを攻撃するイスラム系」という対立構造が表面化した（Puar 2006）。もちろん、「イスラム＝敵」という構造は、国際関係上続いてきた政治的緊張関係からみても分かる通り、以前から存在していたが、テロによる米国のナショナリズムの急上昇によって、一気にその対立構造は強化されたのである。（なお、テロ被害に同性のパートナーを認めるかどうかという議論や、テロ攻撃を阻止しようとした人の中にゲイの人がいたという話題から「アメリカのゲイヒーロー」という言説が発生したりもした。）

ここでプアが着目したのは、愛国主義的に国家を支持し、対テロ戦争を支持するゲイの形象である。この形象の背景には、特定の集団を国家・人種的にラベルを貼り、「それよりはマシな我々」を構築する性的例外主義に基づく新たな米国帝国主義が存在し、その裏で対外的な武力行使を進めるという事を、プアは痛烈に批判したのである（Puar 2006）。要するに、「ホモフォビックで女性に抑圧的なイスラム」の構築を通し、「米国は同性愛者に寛容だ」という点において「例外的に優れた国家である」というナラティブを使用する事で、（例えば、実際に自分の子供が同性愛者だったらどう対応するかは別にして）「私達はゲイフレンドリー」と想像し始めたのだ。つまり米国の共同体としての異性愛規範は維持しつつ、米国を例外的に「ゲイに寛容」な場とし、国家・文化的な優位性を特徴付ける形で同性愛者を国家に内包するナラティブを分析するというのが、プアの研究であった。

この「我々は進歩的な、優れた一員なのである」と想像された「ホモナショナリズム」は、特に米国の帝国主義とくっついているとされているが、米国以外の文脈でも使われる様になった。その代表例が、イスラエルである。序章で論じた通り、ピンクウォッシングという用語は、イスラエルを筆頭に、LGBTの法的平等が、国家暴力の隠蔽装置として利用される事を表す用語となった。最も頻繁に説明されるものとしては、イスラエル政府がメディアに財源を提供し、マーケティング的な戦略を通して自国を「ゲイとレズビアンの『安全な避難所』」「ゲイとレズビアンの理想的観光地」などと表現し、イスラエルによるパレスチナの占領を覆い隠す手法である（Spade 2015：140）。

つまりイスラエルは、自らを「中東の現代的な民主主義」「多様性の場所」などと新しくブランディングする事で、「戦争」と「パレスチナ人の抑圧」という国際的イメージを変え、パレスチナ社会を「同性愛嫌悪的」で「劣った国」と描き、国家・民族的な差別を相殺する効果を持ったのである（Spade 2015：140）。

ここで重要なのは、ナショナリスティックで異性愛規範と親和性の高い「新しい同性愛者」の出現だけではなく、「ムスリムのセクシュアリティ」という性的他者の構築プロセスにある。プアは、イラクのアブグレイブ刑務所に収監した戦闘員らに対する、米軍兵による拷問（被拘禁者への虐待、精神的／身体的暴行、強制的な同性間性行為、性的侮辱など）を挙げ、米国軍の行為そのものが同性愛嫌悪であったのにもかかわらず、それを拷問の被害者であるムスリム男性達（※女性もいる）に対し、「タブーである同性愛行為はムスリムにとって屈辱的である」と描く過程を論じる（Puar 2007）。この様な、人種差別を伴ったゲイポリティックスは、イラクの民主化やテロとの戦いという「理想」を掲げる国家への賛同と共に、アラブ人を逸脱的性的他者として描き、性的例外主義を謳うのである。

川坂は、プアがホモナショナリズムという語を提唱して以来、この用語が、イスラエルのピンクウォッシュ批判や、イギリス、オランダ、ドイツなどにおける女性やＬＧＢＴの権利を理由にしたムスリムへの攻撃に対する批判などにも広がっており、もはや米国の性的例外主義という文脈のみでは語れないとしている（川坂 2013：10-11）。この様に、グローバル化した概念は、アメリカの枠を飛び越え、台湾におけるナショナリズムと性政治の交差と重なり始めたのである。

1-2　「ＬＧＢＴフレンドリーなわれわれ台湾」の台頭

まず、「ＬＧＢＴフレンドリーなわれわれ台湾」が醸成されるまでに何が起きたのか、１９８０年代台湾の社会運動より分析した、台湾の性政治に関する研究から説明を始めよう。戒厳令の解除以降、台湾は「社会の爆発」の時期ともいえるほど、学生運動や原住民運動などの多様な社会運動が同時的に勃興し、女性運動も発展を大きく遂げた（若林 2021：324）。「ジェンダー」という語彙が大衆に広まったのも１９８０年代後半といわれ、西洋の高等教育を受けた女性知識人達が台湾に戻った事に影響され、女性運動が急進的に進んだとされている（何春蕤 2013）。この背景には、米国の圧倒的なプレゼンスが影響しており、戦後台湾社会に大衆文化から学術界の制度や習慣まで、強い米国志向を根付かせ、例えば、台湾大学では戦後「来来来来台大、去去去去美国」（おいでおいで台湾大学に、行こう行こう米国へ）という言葉が長く自嘲的に語られ、台湾最名門の台湾大学があたかも米国留学の予備校であるかのような様相を呈した事が挙げられる（若林 2021：71）。これには、いわば「政府の主人」たる米国が提供する「避難所」の役割として、米国の国土が台湾における政治的迫害からの避難所となったことが関係している（若林 2021：71）。つまり、国民党支配に強い反感を抱き、米国の自由な環境の中で得たジェンダー・セクシュアリティに纏わる知識や運動の流れが、台湾にも流入していったという事である。

そして1990年代は、政治の自由化や政治の「本土化＝台湾化」潮流のもと、1997年の第4次改憲にて多文化主義の理念が「基本国策」として憲法に書き込まれ、「人権」や「マイノリティの承認」ということが、社会統合の理念として大衆に共有されるようになり、その後の台湾における人権外交を見る上でも、台湾の性的少数者の権利獲得の土台となったという点において重要とされる（福永 2017b：205）。

この潮流の下、性に関する議論が盛んに行われ、1990年代以降の「ジェンダー主流化」を国策とした推進の動きに続き、2000年には立法を通じたLGBTの人権保障の実現、2004年に成立したジェンダー平等教育法（性別平等教育法）、ジェンダー労働平等法（性別工作平等法）、教育や就労をめぐる「ジェンダー」「性的指向」「性自認」に基づく性差別の禁止、歴代総統の陳水扁、馬英九、2016年に初の女性総統に就任した蔡英文も同性婚の法制化を支持するなど、2000年以降の政治エリートは政党の差異を問わず「LGBTフレンドリー」な態度を表明してきた（福永 2017b：205）。しかし何春蕤は、この女性運動には分裂が存在した事、そして国家とＬＧＢＴ運動の接近にも鋭い批判を行なっている。

まず、１９９０年代初期、ポスト戒厳令の活気の中、異性愛独身女性が婚姻に関係なく自らの性的自立を認める様になった後、女性運動内部で決定的な分裂が起きたとしている（何春蕤 2013）。それは大きく分けて二つあり、①セックスワーカーや性的少数者の諸問題を切り離し、国家機構による積極的な介入を通してジェンダー平等を実現しようと試みた主流派フェミニズムと、②それを批判する形で立ち上がった、性的少数者やセックスワーカー、ＨＩＶ感染者など、異性愛規範からは逸脱的なセクシュアリティを生きるマイノリティを包摂しながら運動規模を拡大した性解放派フェミニズムとの分裂である（福永 2017a）。

それは特に１９９４年の「私が欲しいのはオーガズム。セクハラは要らない！」というスローガンに対する強烈な批判や、１９９７年に非識字のセックスワーカーが街頭に出て抗議をした台北市公娼権利運動の議論に顕著であり、「国家フェミニスト」とも呼ばれる主流派フェミニストは、「正しい女性」を守り、男の犠牲者としてセックスワーカーや性的逸脱とされた者を排除したのである（何春蕤 2013）。さらに、公娼の営業許可証を取り上げる政令を出した当時の総統である陳水扁は、中産階級の家族的価値――婚姻外性交渉の廃止――に基づいた国家を築こうとする国民国家建設を試みたのである（何春蕤 2013）。

この様な、ジェンダー平等と「女性の安全」を守るという保護主義的な国家政策を要求する主流派女性運動は、権力や暴力を強調して男性を悪者にし、女性を非力なものとして描く事で、本質主義を伴ったジェンダーの二分化を作り出し、政府は「女性の安全な暮らし」を改善すると約束したために、トイレ等で女性に脅威を与える存在として異性装者を厳しく取り締まる事態になり、当時主流だったフェミニスト政治は、「女性を守る」と言いながらトランス女性を守らず、むしろ厳しい状況に追いやったと批判されている（何春蕤 2013）。

そして、2000年代になり、国際政治の潮流において野心を燃やす、少なくとも名目上は人権概念を支持しようと躍起になる国家は、「もっとも洒落ていて、もっとも都合の良い」ゲイライツに対象を当て、パレードに資金を投じ、ゲイ団体にわずかな財政支援を行いながら、一方で警察によるサウナ・ハッテン場・レズビアンパブ・ホームパーティなどの取り締まり、強制的な血液検査や尿検査、ゲイ書店における出版物の押収などを行い（何春蕤 2013）、その表面的な包摂に批判が集まった。

この様な研究を基に、福永は台湾における「先進性」の表象に関して、台湾の「LGBTフレンドリー」な政治エリートの誕生、中国を参照軸に「先進性」が強調されるメディアによる言説の増加、軍隊における「ゲイの従軍の権利」などの研究を行っており、台湾のホモナショナリズムは、米国主導のモデルを担保しつつ、「あくまでも『アジアにおいて』という条件付き」で、性的例外主義の覇権を有していると指摘している（福永 2017b, 福永 2017c）。

福永は、日本と台湾のLGBT運動の関係にまで研究の幅を広げており、2017年の台湾LGBTパレードで掲げられた「台湾は中国ではない」や「東京五輪に向けて台湾を『台湾』に」というスローガンを例に挙げ、東京や台北で開催されるプライド・パレードが「政治エリートや活動家にとってナショナル・プライドや自国の先進性をアピールする絶好の機会へと成り下がってしまった」と述べ、主流社会の支持を引きつける為の戦略としての可視性を重視し、マスメディアや商業主義と親和性が高く、もはや国家に対して敵対的なポジションを取らないホモノーマティブ（第2章1節を参照）なアクティビズムを批判している（福永 2017d）。

1–3 これまでの研究の課題

では、本研究をどの様な位置づけにするのかについて述べて行く。

はじめに、台湾の同性婚推進運動や台湾ナショナリズムを批判していく時に、（米国を念頭とした）欧米文脈依存についての懐疑的な視線を軽視すべきではないのではないか、という点を挙げる。確かに、台湾が、西洋中心主義に疑問を呈す事なく西洋モデルの法律を受容し、追従するのは、強制的な力（日本の植民地主義）や選択的な力（民主化運動）にかかわらず、それが近代化や文明化に必要なプロセスだと台湾が認識している点が指摘されている（Chen 2019 : 96）。植民地時代の過去に悩まされ、歴史的な記憶喪失に苦しんでいる台湾は、皮肉にも、進歩的な西洋諸国とそれにもとづく文明化のはしごを登りたがっていると捉えられているのだ（Chen 2019 : 95）。

しかし、当然のように西洋文脈を中心とした政治が運動の前提として進んでいくことは、批判されるべきであろう。なぜなら、このような西洋の安易なモデル化は、台湾の地理的・政治的・ポストコロニアル的な文脈や歴史を、見落としてしまう事に繋がる可能性があるからだ。例えば、米国における同性婚推進運動への批判点において、大きな部分を占めた「白人中心主義」であるが、台湾ではエスニシティが視覚的差異により特徴づけられる状況に必ずしも依存しない（もちろん存在しないわけではない）。台湾において象徴的に機能するものとして挙げられる具体例では、例えば同じ漢民族であっても、中国人、外省人、本省人、東南アジア出身の華人、客家人、福佬人など、政治的立ち位置、歴史、記憶などのエスニックな差が、肌の色よりも前面に出ることなどが挙げられる。

それは、福永の研究における台湾ナショナリズム批判に対する疑問にも通じる。福永は、性的少数者が無批判に安易な形で国家と共犯関係を結ぶ事へ警鐘を鳴らすものの、中国との関係において台湾というナショナルなものが極めて強く否定されている現状や、「台湾人」というカテゴリー内部における緊張感や差異について、十分に検討されていない様にみえる。「排除・差別」の時代が終焉と向かい、「ＬＧＢＴフレンドリー」といった、条件付きの承認や「もてなし」を受ける時代への移行において、「ＬＧＢＴフレンドリー」な政治エリートの誕生を称賛する姿勢に対し、福永が批判的であるのは自明であるし、筆者も妥当であると考える。そしてそこに、ホモナショナリズム概念を応用し、国家が性的少数者の生に関連して、自らの優越性、寛容性、例外性を空想し、特定の国家や文化に対して、非寛容で、「野蛮」で、トランスフォビックないしホモフォビックであると見なし、劣位に位置付ける姿勢も、台湾に重ねた流れも、一定程度理解できる。

確かに、クィアが「白人で西洋的な、西洋化された身体」をもつ世俗的で反抗的で逸脱的な主体と特徴付けられる一方、アラブ人が、原理主義で、ホモフォビックで、不適切な性的主体であると捉えられ、白人性の優位性を脅かさない程度に、多文化主義的な身体が国家に組み込まれているという批判は、台湾にそれを重ねた際にも考慮される批判となるであろう。なぜなら、それによって、白人の国々のＬＧＢＴにまつわる諸問題や人権が固定化されてしまい、「既に存在する進歩的な西洋諸国のモデル」によって台湾で起き得た別の対話が閉ざされてしまうからである。

しかし、このホモナショナリズム批判には、主に二つの大きな米国文脈依存が存在する。一つ目は、社会運動と国家との結託が完全悪であるという前提である。ここで語られるホモナショナリズムには、台湾の様に国家として国際的評価を高める「サバイバルの手段」の機能が十分に想定されず、米国の様な「確立した国家」という前提でのナショナリズム批判に留まってしまっているのではないか。台湾における重層的な植民地主義との文脈に注目すれば――例えそのネーションビルディングの試みが更なる差異を生み出すとしても――現在の中国との関係において、台湾が脅かされている現状を軽視することはできないのではないか。よって、ここでは、その福永の貴重な批判を受け継ぎながらも、生存手段の機能も同時に描く必要性を矛盾を抱えながら検討したい。

二つ目は、国家的に他者化する相手との権力構造である。米国の文脈におけるホモナショナリズムにて想定される「同性愛嫌悪的他者」は、米国において「構造的弱者」であるムスリムだが、台湾で想定される「同性愛嫌悪的な他者」は国際社会において「構造的強者」である中国である為、権力関係や他者化の方向性が異なる。[1] よって、米国の文脈を安易に適用する事での構造的弱者への批判に繋がる危険性を指摘したい。かつ、かつては台湾や中国の活動家に互いに訪問しあい、共に活動していた事や、それが中国における拘束や逮捕などにより連帯が断絶した、というような、中台の連携があったことが、不可視化されることについても言及したい。

最後に、台湾におけるホモノーマティビティをめぐる議論にて、国家によるセクシュアリティの管理を批判してきた性解放運動についていくつか批判点を述べたい。まず、婚姻制度に「挑戦しない」性的少数者の包摂に関心を寄せる主流派ＬＧＢＴ・フェミズム運動と、それを批判するクィアレフトという二項対立への批判である。両者の立場は勿論両方共に、脅かされる性／生の保護について、重要な議論を交わしてきた。しかし、これらは決して相互排他的な選択肢ではないと筆者は考える。主流派フェミニズムが、１９８０年代後半、ようやく政治の自由化となり、女性運動が他のマイノリティ運動と同じく凝縮された形で出たものの、国際的な立場がないために国家と結託せざるを得なかったように、単に運動のリソースと政治的状況を鑑みて、困難を極めることは、運動の実践を考慮すると想像に容易い。かといって、そこに対して批判的に広がっていった性解放運動や、米国から流入したクィアレフトの主張は、さらなる非規範的な性／生を生きる人々を含んだ、広範囲な周縁化された人々の連帯において、非常に重要な指摘である。しかし、民主化以降、相対的にプロセスが短く、資源も比較的少ない台湾の同志運動は、グローバル化した問題と訴えに、直面しないわけにはいかない（劉文 2015：115-116）。

そこで台湾に求められるのは、劉文が唱える「同志公民」及び「クィアレフト」が堅持する２種類のテンポラリティである（劉文 2015：104-105）。つまり、ポストコロニアルな文脈と切り離すことができない台湾は、一方で「西洋の現代的文化及び思想が形作る国家主体」を借りなければならず、他方では「西洋の文化的覇権」によって「台湾の本土主体意識の発展が生み出した影響」を絶えず反省させられ、疑問を提起させられるのである（劉文 2015：104-105）。要するに、台湾は「西洋にかなう先進的な国家主体にくらいなれ」とも「同性婚やナショナリズムなどといった『保守的な運動』への批判くらい持て」とも、西洋覇権下での2つの要請を同時に受けているのである。クィアレフトの掲げた婚姻解体論も、そこから派生した主流派同性婚推進運動による台湾ナショナリズムとの共犯関係への批判も、90年代以降に米国から流入したクィアスタディーズの学術知識と運動の流れであり、ポストコロニアルな文脈とは切っても切れない関係であることについて、より議論がされるべきである（劉文 2015：117）。

劉文は、台湾の地政学的な特殊性の下で（米国と中国が主導する二つの新自由主義的地域政策の影響を同時に受け、この歴史の時間点において）発生した同性婚運動は、この二大主権国家及び市場がアレンジした性政治とどのような関係があるのかについて、より多くの実証研究と分析により、回答されるべきであると言う（劉文 2015：109）。よって筆者は、本研究を、クィア理論に更なる批判的想像力が求められていることを意識しつつ台湾ホモナショナリズムを分析した研究と位置付ける。

1-4 カテゴリーの暴力性

さて、これまで多くの用語が既に出てきたが、この本における用語について説明を行う。同時に、その定義やカテゴリー化の暴力性も述べていくこととしよう。この本を読み進めるうえで、または、インタビューに携わった人々のバックグラウンドを想像するときに、意識してほしいのは、「アイデンティティカテゴリーは決して固定的ではない」ということである。例えば、前章で述べられた様々な個々人のアイデンティティタームは、あくまでインタビュー時に表出したものであり、決して固定的であったり、逆に自身で自由にコントロールできたりするものではない。そういった意味で、同じ言葉を使用していても、その内実は個々人によって解釈が異なる事は大いにあるし、それらはむしろ、他者と自己との間における日々の交渉の上に成り立つ、ダイナミックなものでもあるのだ。

では、まずはじめにクィアという言葉について説明をしておきたい。クィアとは元々、「変な」「病気の」「変態」「異常」という意味を持つ侮蔑語であった／であり、強烈なスティグマや恥、侮辱を性的少数者／そう見られる人々へ与えていた。しかし１９８０年代以降、例えばＮＹでは、アクティビストやストリートの若者達や芸術に従事する人々などが、「クィア」をむしろ肯定的に使用するようになった（Halperin 2003）。これを「再盗用（Reclaimed Word）」と呼び、元々の侮蔑の意味で投げかけられた「クィア」という言葉を、あえて開き直った様に「そう（変態）だとしたら、何か問題でもある？」と使用することで、元の侮蔑的意味を塗り替え、力関係の逆転を図るものである。

現在は、このクィアという言葉も、主流化やカテゴリー化の波の中で、意味や使用法が一部変化してきているが、１９９０年にテレサ・デ・ラウレティスによって「クィア理論」という語がアカデミアで初めて使用された際は、当時のその響きに多くの議論を呼んだほどである（Lauretis 1991）。そうしてクィア理論は、従来のゲイ＆レズビアンスタディーズやフェミニズムに対する白人中心主義、男性中心主義、階層、宗教、年齢、文化、地域、トランスジェンダーなどへの関心の薄さに対する強烈な批判として、自明・ノーマルとされる制度や事象などを脱構築するのに長けた分析ツールの一つとなった。そのため、クィアは「クィアする」といった動詞としても使用される事もある。

ここからも分かる通り、クィアはアイデンティティカテゴリーというよりは、定義される事やカテゴリー化を拒否し、反骨的な開き直りの精神を有した「姿勢」や「表明」というニュアンスが元々は強かったと見受けられる。ただし、現在は性的少数者全体を指す言葉としての意味合いが強くなってきているのも事実である。台湾の場合、中国語で「酷兒」がクィアに相当するが、文化的・歴史的な意味を汲んだ形で社会に共有されているわけではないため、台湾で使用される際には、英語圏でしばしば使用される様な反骨的な開き直りの姿勢を有した言葉としてよりは、限定的な空間において外来的なニュアンスを有した意味で使用されていると、筆者は考える。しかし、これは台湾に自己を「酷兒」と呼称する人がいないというわけではない。

では、台湾では性的少数者を指す際、どの様な言葉が頻繁に使用されるかというと、やはり「同志」[2]という言葉がそれに当たるだろう。「同志」とは、主にレズビアンとゲイを指す語であり、戒厳令解除後の1990年代初頭、周縁化され、汚名を着せられた各種の人々が、スティグマ化拒絶の戦略を次々と考案した中で生まれた（紀大偉 2012：11）。同性愛者とその仲間達は、もともと通用していた「同性恋」という言葉が上品ではないと考え、香港の文芸界の邁克と林奕華の戦略を借用し、聞いた感じが悲しげな「同性恋」を、耳に聞こえがいい「同志」に言い換えたのである（紀大偉 2012：11）。よって、１９９０年代において、台湾の社会は急速に「同志」という言葉を採用し、「同性恋」という言葉の使用率は非常に低くなったのである（紀大偉 2012：11）。

聞き取りからは、同志が指す範囲を、広義では性的少数者全体、ＬＧＢＴ、ＬＧＢＴＱ＋などの総称と指す者もいれば、狭義では同性愛者のみを指すと言う者もいる。ただ、同志と聞くと一般的には男性同性愛者が想起され易いため、同志と記載されているにもかかわらず、内実は特定のセクシュアリティだけが主体となっている事も少なくない。だからといって、同性愛者やゲイといった、日本語や英語圏で使用される性的少数者をめぐるカテゴリーや枠組みと「同志」を同列に解釈するべきではない。そこには、同胞の様なニュアンスを含んだ連帯意識が存在し、中国語圏における文化的意味付与がなされたものと捉えるべきであろう。また、多くの当事者が肯定的に使用している現状もある。

さらに、トランスジェンダーについては、中国語では「跨性別」がそれに相当するが、それを「同志」カテゴリーの中にあると捉える者と、そうでない者とに分かれる。本研究での聞き取りによると、その意見は半々に分かれた。そのため、トランスジェンダーを確実に指したい場合には、明確に「跨性別」と指す必要性がある。

次に、前章で述べられた様々なアイデンティティカテゴリーの説明として、いくつか説明が必要であろうと推測するものを順に述べていく。まず「ジェンダーノンバイナリー」であるが、中国語では「非二元性別」と表し、男女二元論ではない性自認のあり方である。一般的に「～である」という他のアイデンティティカテゴリーとは異なり、「～ではない」という性自認であるため、実際にどの様な性自認であるかは個々人によるものが大きい。人によっては、「男でも女でもある」「男でも女でもない」「中性」「両性」「無性」などなど、さらにそれが時間によって変動する様な状態を指す人もいる。本研究では、個々人が望んだ表現を尊重し、「流動的」「70％女」「ラベル無し」「ゲイからクィアへ移行中」「無性愛スペクトラム」などの、程度や流動性も反映させた表現も記載している。クエスチョニングというのも、人々によってその意味は変わるが、「分からない」「探っている最中」「決めたくない」「決められない」「決めていない」などが挙げられる。トランスマスキュリンとは、トランスジェンダーであり、「男性的である」という在り方である。重要なのは、「男性」ではなくあくまでも「男性的」というこの差異である。

最後に、台湾における多重族群社会について説明する。近年の学説によると台湾は主に４つの族群（エスニックグループ）があると言われており、先住民族である①「原住民」、約50年の日本統治が終わった１９４５年以前より中国各地から移り住んでいた②「閩南（福佬）系漢民族」と③「客家系漢民族」、さらに１９４５年以降に国民党と共に大陸から来た④「外省人」がある。また、１９９０年代以降に主に東南アジアや中国大陸からきた新移民（婚姻・出稼ぎ）を加える見方もある（夏曉鵑 2018：xvii）。このまとめ方は政治的に４つにまとめただけであり、様々な分け方が存在することに注意してほしい。

しかし、勿論これらのカテゴリーは、本研究のインタビュー対象者の属性からも分かる様に、必ずしも本人が意識的に認識しているわけでもない事は多々あるし、実際にどうなのか不明であると答える人もいる。それぞれが、必ずしも身体的特徴や「血縁」の概念で説明されるものでは

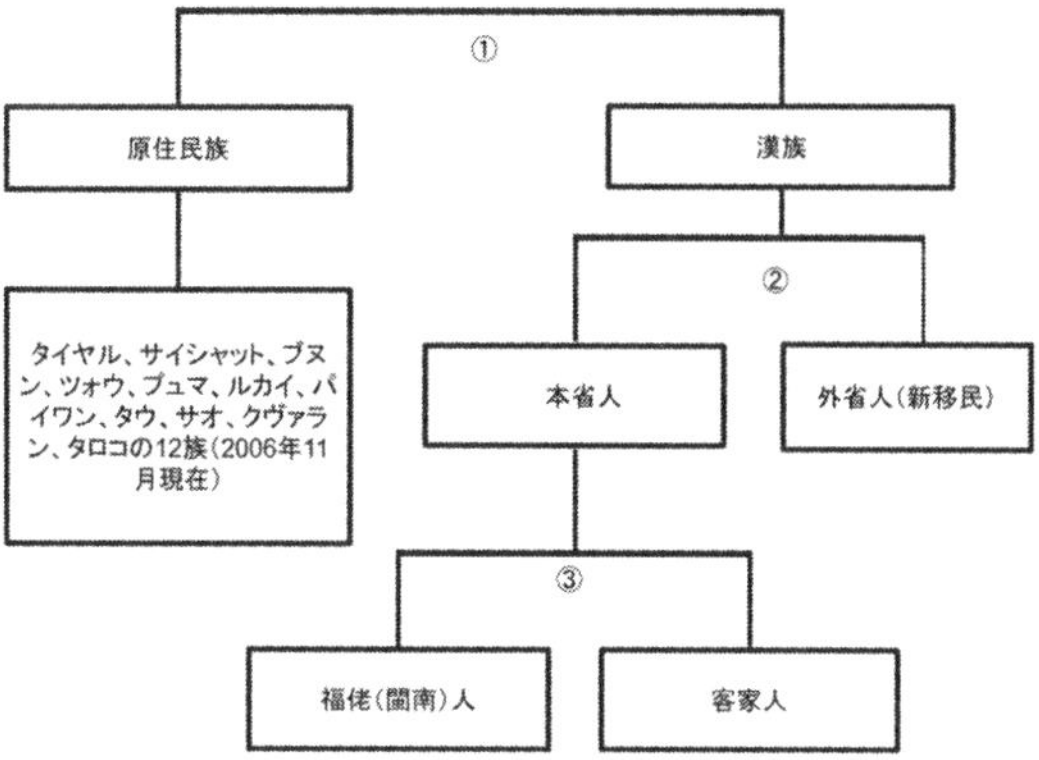

図表１－１

①先住民族か後代の移住者か
② 1945 年前からの居住者かそれ以後の移住者か
③福佬人か客家人か

注）実は外省人には少数のモンゴル族、回族、満州族などを含む
（出所：若林 2021：336 の図を元に筆者が作成）

なく、台湾にたどり着いた順序といった、時間的な要因が絡んでくることもその背景の一つに存在する。その為、前章３節に記したそれぞれのエスニックバックグラウンドは、できる限り本人の意識している範囲で、回答されたものをそのまま記している。図表１－１を参照すると、分かりやすいであろう。

注

１　イスラエルは周辺地域の中では弱者であり、しかもアメリカの支援がなければ全く強さを維持できない、という切り口の文脈で、主観的に弱者だと感じているイスラエルの人々を念頭に、そのレベルにおける生存戦略をイスラエルはとっていると解釈する場合がある。

２　「同志」という言葉は、共産党員が呼びかけに使っていたため、そちらを想像させることもある。

第2章　反婚視座をめぐるアンビバレンス

本章では、アンビバレントな感情、つまり「台湾がアジア初の同性婚合法化を成し遂げた！」というナショナルプライドと、「でも、本当に結婚が我々を解放してくれるのか？」という反婚視座的な懐疑心が入り混じった複雑な感情について、インタビューを通して解明していく。まず、当然ながら人々の立場には濃淡が存在する。私がインタビューしてきた人々の多くには、いわゆる「性規範から外された人々」という共通点がある。「普通」から排除されてきた人々にとって、「普通さ」がいかに自らを抑圧するものかを知っていても、それが魅力的に映ることは少なくない。ただし、そこで「普通になりたい」という承認の要求を望む者もいれば、逆に「非規範的で上等！」と抵抗的なプライドを心に、生存空間を切り開く者もいる。更に言えば、それらの感情は、決して二者択一でも固定的でもなく、時と場合によって揺れ動く、ということも重要な点であろう。

なおこの章では、台湾でのインタビュー結果と、米国での婚姻に関する理論を往復することとする。理論パートでは主に、ホモノーマティビティという概念と、反婚視座について語っていく。要約すると、性的少数者を「普通」と描く事を強調し、主流派社会からの承認を獲得しようとする過程において、異性愛規範を脱構築せず、むしろそれを維持した上で包摂を試みる戦略についてまとめていくので、インタビューを読み解く助けとして参照してほしい。

2-1　ホモノーマティビティ概念と新自由主義的な性政治

同性愛者および性規範から周縁化された人々は、「治療すべき病気」や「精神障害者」、「性犯罪者」、「自然に反する罪」、「異常な性癖」などと指を指され、長期にわたりその生命や尊厳を脅かされてきた。しかし、近年においては――その様な抑圧は未だに多くの社会において残るもの の――人権やグローバルイシューとして議論され、法整備や私／公的空間における不平等の解消などを通じ、可視化が益々進んできた。では、その「異常性愛」などと呼ばれ、あらゆる空間から排除され続けた人々は、いつから「普通」を求め、「普通」に「なっていった」のか。そして、その流れの中で「普通になれる者」とは誰を指したのか。

これらの問いに答える為には、「普通」の象徴として機能してきた婚姻制度参入の試みが、主流派ゲイライツ運動において重要課題の一つとなっていったプロセスに、着目する必要がある。それを念頭に、本研究における重要な概念の一つである「ホモノーマティビティ(1)」について、順を追って記述していく。

まず、ニューホモノーマティビティという概念を提唱し、主流派ゲイライツ運動を新自由主義との関係において批判したリサ・デュガンの論考から、議論を展開していく。デュガンが主に何を批判したかというと、米国における「ゲイの主流化」と共に勢いを増した、同性婚と従軍の権利運動に対する、新自由主義的経済体制や国家主義、米国主義の温存、そして新自由主義と親和性の高い、公的領域の改革を行わずに私的領域の拡大のみを運動の目的とする点である（Duggan 2003：50）。つまり、これは「非常に限られた平等や自由」を運動の目的とし、それ以外は切り捨てていく運動への、コミュニティ内部でしばしば挙がる批判・論争である。要は、これらの構造を批判せず、むしろその構造を温存することで、「体制の中で権利を獲得していく」運動に対する、痛烈な運動批判である。

では、なぜ同性婚推進運動が新自由主義との親和性として語られるのか。それを説明するには、フェミニズム運動において重要な概念である、私／公的領域について述べる必要がある。1950年代から1960年代にかけた同化主義的なホモファイル運動では、警察や国家権力による暴力、スティグマ化、犯罪化、ハラスメントに対応する為に、「私的領域の確保」が非常に重要な課題となった（Duggan 2003：51-52）。そして、1969年のストーンウォールの反乱[2]及びそれに続く1970年代の新しい運動は、フェミニズム、カウンターカルチャー、反人種差別のレトリックや戦略と相互作用を強く起こしながら、「公共の可視性」を得る運動へと変化した（Duggan 2003：52）。しかし、1980年代になると、反同性愛の保守勢力は戦略を練り直し、「私的領域では同性間で性行為をしようが構わないが、公の場でそれを『表出』または『宣伝』する事は許されない」といった方向へと変化してしまったのである（Duggan 2003：53）。

これは、「家庭的な問題で何が起きていようと、それは公的な問題ではなく、あくまで私的領域の話なので、関係ない」といった、女性運動が直面した問題と類似している。そこで、女性運動は「個人的なことは政治的なこと」と声を上げる事を通して、私的領域を守りつつも、私的領域を語れる公的領域をも確保する運動へ発展した。しかし、それに対し、主流派ゲイライツ運動が推し進める同性婚推進運動は、私／公的領域における問題を問うわけではなく、ただ私的領域を拡張するだけの運動であると指摘がなされたのだ。

そして、それがなぜ新自由主義と親和性があるのか、という元の疑問に戻る。新自由主義とは、米国における「小さな政府」の発想の下、福祉国家モデルに代わって台頭した、政府の介入や公的制度を縮小／民営化し、私的領域における個人の自由をより拡張するものであり、自己責任を掲げ、文化的に左派・進歩的な価値観に反対するものである。これにより、そもそもの差別構造を疑わずに、多様な人々のスタート地点を抜きにして、ゴールだけを見る事に繋がり、国に保障された自由の中で、「誰が勝ち残る／生き残るのか」という点においては「個人の勝負」であるといった、自己責任論へと変わったのだ。

つまり、同性婚推進運動とは、「私的領域としての婚姻制度を守り、その私的領域を拡大する話ではあるものの、そこで何が起きているかは問わないどころか、更に、公的領域に関しては改革を求めない」といった、全てを私的領域拡張のみに限らせて終わらそうとする、限定的な自由を目的とした運動なのではないかといった、新自由主義との親和性を通した議論が、ホモノーマティビティという概念によって可能になったのだ。この例としては、1990年以後の新自由主義の中で、「最先端」で「第三の道」であるとされたザ・インディペンデント・ゲイ・フォーラム（IGF）というオンライン新ゲイ団体に顕著であり、構成員の中で大多数を占める白人男性らを主に、ＨＰで宣言された以下の理念には、上記の新自由主義的な側面が強く見られる（Duggan 2003：48）。

我々は、法の平等と平等な社会的尊重をもって、市民社会におけるゲイとレズビアンの完全な包摂を支持します。我々は、ゲイとレズビアンが、私たちの国民生活の創造性、頑強さ、そして品位に貢献していると主張します。我々は、米国のシステムの基本的な美徳と、個人の自由、個人の道徳的自主性と責任、法の下の平等というその伝統に対する信念を共有しています。これらの伝統は、市場経済の制度、自由な議論、そして小さな政府に依存していると我々は信じています。我々は、ゲイやレズビアンが社会的道徳や政治秩序に脅威を与えるという「保守的な」主張を否定します。我々は、ゲイが根本的な社会の変化や社会の再構築を支援すべきであるという「進歩的な」主張にも同様に反対します。（IGF Culture Watch 2006）

この様に、「反同性愛的な保守勢力」にも「革新的なクィア政治」にも反対する位置を取ったＩＧＦは、自らを運動の中心としての「従来のゲイ」「解放主義者」と位置付け、クィア達を「無責任な過激派」であるとか「時代錯誤的」だと呼ぶこととなった。この様な新自由主義的な性政治をデュガンは「ニューホモノーマティビティ」と呼び、支配的な異性愛規範の制度に異議を唱えるのではなく、むしろそれを支持し、維持したまま、家庭性と消費性に根ざした、解体され、私的化され、脱政治化されたゲイやゲイ文化の可能性を約束した政治だと批判したのである(Duggan 2003：50)。

ここで言われる「消費性」とは、マイノリティの差異が経済的な価値を生むという事を指している。資本主義の下、ゲイとしての消費、レズビアンとしての消費、LGBT向けの消費など、大量生産ではなく、マイノリティや個人のニーズに合わせたカテゴリーごとのライフスタイルが、消費できる価値あるものとして市場の出現を指す。例えば、同性婚がある事で、ブライダル産業や観光業が儲かり、同性カップル用の人形もケーキも作れる様になるなどが簡単な例の一つである。そして、米国のゲイリブ（ゲイ解放運動）は、歴史的に資本の利用に批判的な目線をあまり向けず、これだけ大きな会社や資本が支持してくれたのであれば、――資本側もマイノリティポリティックスを利用している事に意識的でありながら――連帯する事は悪ではないと主張して来た。しかし、そういった意味合いでの、消費性に根ざし、脱政治化された「多様性」や「包摂」が称揚される事は、資本主義的な力学に基本的に批判的な姿勢をとって来たクィア政治にとって、無批判ではいられなかったのだ。

確かに、少数派の権利獲得において「承認の要求」が避けがたいことは、容易に想像できるであろう。とはいえ、同性婚推進運動の戦略が、社会からの承認を獲得する為に性的少数者を「普通」と描く事や「公的領域において『迷惑』をかけない」事を強調する事に、批判が集中するのも当然である。よって、クィア政治の立場に立つ者は、現在の主流派同性婚推進運動の戦略を、異性愛規範に乗っ取った制度を脱構築せず、それを維持したままゲイの包摂を試み、婚姻制度をむしろ強化する政治だと位置付け、問題化したのである。

これにより可能となるロジックとして挙げられる例は、「家族を作って経済的に支え合う同性愛者は素敵ではないか」といった言説である。つまり、貧しい単身者、シングルマザー、独身の同性愛者といった「国のお荷物」のようになるのではなく、私的領域で何をしても良いから、とにかくかれらも結婚して、家族を作り、経済的に支え合い、互いに面倒を見合ってくれれば、国としては充実した福祉を用意しなくても良いため、新自由主義的との親和性を持った形で、結婚を推奨していけるというロジックである。

この様に、同性愛が文化的に一見主流化していく中で、主流派およびそれに親和的な性的少数者が共犯的に描く「理想的な同性愛者」像と、そこから切り捨てられ、周縁化された性／生が構築されるといった、主流派ゲイライツ運動とクィア政治との間における緊張関係がより浮き上がってきたのである。

2-2 「普通になりたい」承認の政治

では、台湾におけるインタビュー調査をみてみよう。全体的に、インタビュイーの多くは同性婚の合法化に対し、「『普通』になった感覚がある」、「手を繋ぐカップルが増えた」、「選択肢ができて喜ばしい」、「ようやく認められて幸せだ」、「合法化されたあの日は印象深い」と答え、「社会に認められたい」という欲求から、婚姻制度への参入を一定程度、もしくは激しく肯定的に捉えていた。

V：今は平和な気持ち。ちょっと幸せを感じてる感じ！　社会からの反動もあまりなかった様に見えたし。これは皆が認識した方が良いと思う、重要な点で、同性婚を合法化しても、社会に何の問題も引き起こさない。だから、自分はとても落ち着いた感じで静観したんだ。ポジティブな感情だよ。

B：（引用者注：大人になってから自身の性のあり方の変化に気づいた私と違って、）私の彼女は、ずっと小さい頃から自分が同性愛者という事を認識していて、「普通の人」通りに結婚したり子供を産んだりする事ができない事に絶望していたから、今、こういう権利が与えられてすごく嬉しい、という人達（引用者注：が同性婚に違和感を感じない性的少数者）かなと。

27歳で初めて「同性と付き合う事」について考え始めたBさんは、自身の事を異性愛女性と自認していた時間が長い。そのため、Bさん自身は特段、性規範から外されたという感覚を持ち合わせていない。その一方で、「普通の人」通りのライフコースから外された事に幼少期から絶望していた自分の彼女を例に挙げ、同性婚をポジティブなものとして多くの性的少数者が捉えていると述べた。この様な「普通になれて嬉しい」といった言説は、よく語られる。しかし、ここでしばしば共に強調されるのは、Vさんの様な「同性婚の承認は、社会に何の問題も起こさない」

という語りである。

R：良い事だったと思うよ。だって、大多数の人からしたら、影響は大きくないから。合法化されてから一年経ったけど、大きい変化もあまり無いかな。［…］結婚の本質には大きな変化は無いように見えたよ。

この様な肯定的感情の背景には、「公的な領域においては迷惑をかけないのだから、我々を認めろ」といった論理があり、これは承認の政治を行う際において、ジレンマであり、限定的な自由とも言われている。要するに、私的領域を拡大する話ではあるものの、私的領域内で何が起きているかは問わないどころか、更に、公的領域に関しては改革を求めないという事である。そして、その代償が「限定的な自由」や「条件付きの容認」を意味するのだ。これはまさに前節で述べた通り、社会からの承認を獲得する為に、性的少数者を「普通」と描く事や、公的領域において「迷惑をかけない」事を強調する事へのデュガンの批判（Duggan 2003：50）と重なる。

Uさん：そうだよ！　同性婚は賛成するけど国際同性婚は反対する人だっている。つまり多くの人が言う「賛成」は「条件付き賛成」なんだ。その「条件付き賛成」を見れば、かれらが何を考えているかよく分かるんだ。「自分は貴方達を受け入れる。でも条件がある。例えば子供を持ってはいけない、必ず二人とも台湾人でなければならない」とかね。それは税金や社会福祉とも関係しているでしょう。非異性愛者の関係や性的結合に対して、沢山の制限を掛けているんだ。

Uさんは、今回合法化された「特別法としての同性婚」に対し、複雑な感情を抱えており、様々な「条件付き容認」を目の当たりにした事を吐露した。異性愛規範を解体せずに、同性愛を包摂した事による弊害は多岐にわたる。また、台湾社会における家族主義や「家族の面子」に関して、このような語りも聞き取れた。

V：家族は、「自分の子供が有名大学に通えた事」は、すぐに親戚や近所に話すけど、同性愛であることはダメ。他の親戚に負けた感じがするから（笑）。分かる？ 医者になるとか、台湾大学に行くとか、アメリカに留学するとか、そういうのは家族全体のレベルを上げてくれる様なもの。でも、同性愛は減点だから（笑）。個人的に自由にやってれば良いけど、公にはしないでねって感じ。

K：台湾はLGBTフレンドリー……だと思うけど、「誰にとって」フレンドリーなのか、っていう問題があるよね。

B：うちらの親は、自分の子供のことじゃなければ、大体気にしない。例えば、私が彼女と付き合う前、私の高校に、とあるボーイッシュな友達がいて、仲が良かったから家によく来ていたの。その子もそう（引用者注：同性愛者）だったかもしれないけど、当時、母に同性愛者の事を説明した時、「彼女に対する見方は変わるの？」と聞いたら「別に？」と言っていた。だけど、それは自分の娘だったら別だよねっていう。

このような、「われわれはLGBTフレンドリーだが、それはあくまで自分の家族以外がLGBTであれば、だ」という「条件付きの容認」は、殆どのインタビュイーが自分の周囲に感じる共通の語りであった。つまり、台湾社会が自負している「LGBTフレンドリーなわれわれ台湾」イメージには、濃淡や線引きが存在するということである。聞き取りでは、研究テーマに関する質問をする前に、幼少期から現在までのライフストーリーや家族構成などを聞いている。学校や職場においては比較的肯定的な経験をしている人も少なくなかったが、家族や親戚との関係においては、多くが非常に苦しい思いをしていた。Vさんのように、家族にカミングアウトをして、日常でも比較的オープンに自身が性的少数者である事を話す者も、「親戚に対して『その部分』は隠す」親を前に、複雑な感情を吐露した。これらの語りからは、台湾における「親戚間での外交」とも呼べる面子の守り方、そして家族に性的少数者がいる事＝家族全体の社会的地位の下降、という認識が垣間見れた。

2–3　主流派ゲイライツ運動とクィア政治との緊張関係

では、また理論に戻ってみよう。確かに、少数派の権利獲得において承認の要求が避けがたいとはいえ、社会的特権階級を再生産するユニットを期待する、終身制モノガマス[3]な婚姻制度への参入に、批判がなかったわけではない。その批判はフェミニズムからのみされたわけではなく、人種差別や移民制度、貧困、米国の帝国主義など、様々な問題を念頭に置きながら活動していたアクティビストや研究者らからも当然なされた。つまり、婚姻制度への参入は必ずしも「全ての人々の平等」を意味せず、むしろその言説によって、現存の差別構造が不可視化される危険性までもが指摘されている。では、「全ての人々の平等」を掲げた主流派ゲイライツ運動がどの様に、その解決策や突破口を婚姻に求めていったのか。

そもそも、米国の文脈において、ゲイライツムーブメントは公民権運動やフェミニズムから非常に強い影響を受け、それらの戦略をモデルにしており、例えば、１９６８年の「Gay is Good」というスローガンは「Black is Beautiful」から、１９７０年に初めて行われた「ゲイ・プライド」パレードも「ブラック・プライド」からヒントを得るなど、相互的な影響があった(Chauncey 2004)。しかし、かれらは「同化に懐疑的で、差異を肯定的に捉えた」運動として、常に手を取り合ってきたわけではなく、緊張関係や衝突を生じさせながら進んできたのである。

例えば、１９５０年代以降の、白人中産階級のシスジェンダーゲイレズビアンを中心としたホモファイル運動では、社会主流派に認められる為に同性愛者を「普通」であると強調する様な同化主義的運動を行い、マーチの参加には「ケバケバしい面を抑え、男はネクタイ、女はスカートという適切な服装をし、潜在的な支援者を退けないように」ということが強調された（Kissack 1995）。この様な、主流的な人種やセクシュアリティを生きる人々を中心とした初期の同化的な運動を見ていくと、やはり同性婚も運動にとって常に高い優先順位であったのか、と結論を急ぎそうになる。しかし、ジョージ・チョーンシーの論考からは、初めから同性婚が運動の優先事項であったわけではなかった事が分かる。

チョーンシーによると、初期のレズビアンとゲイの運動では、結婚への支持を表明する者は明らかに少数派であり、多数派はかれらに対し、「我々の抑圧者の無意味な悪習慣を真似るのか」、「それは我々が望む自由ではないし、解放でもない」と批判していた（Chauncey 2004：93）。この背景にはいくつかの経緯がある。

まず、初期のゲイ達は、男性達に対し、性的な恥の意識を克服し、単一のパートナーではなく、多くのパートナーらとの性的経験が可能にした多様な快楽と、持続的な感情的繋がり、そしてその新しい友情を大切にするように促していたのである（Chauncey 2004：93）。一方、殆どのレズビアンフェミニスト活動家は、結婚は本質的に家父長制制度であり、女性支配を構築する上で中心的な役割を果たしたと捉え、一夫一婦制に疑問を呈し、新しい種類の関係や生活パターンの構築に取り組んだため、結婚の権利を追求する事に対してはより興味が無く、彼女らが主張したい議題として、婚姻は低い優先順位であったのだ（Chauncey 2004：93-94）。

確かに、安定した関係を求めた若い白人のゲイとレズビアンは存在したものの、それにもかかわらず、１９７０年代初頭における差し迫った社会変革に対する際限ない楽観主義が、根強い差別と継続的な敵意に直面した事で薄れ、結婚は運動の目標として事実上姿を消したのだ（Chauncey 2004：94）。つまり、当時のゲイポリティックスは、同性カップルの権利に焦点を当てるのではなく、雇用における差別から個人の権利を確保し、コミュニティの制度と集団文化を構築することに焦点を当てており、結婚などという「絶望的な理想」を追いかけるよりも、単に他の優先事項があったということである（Chauncey 2004：94）。

その流れの中、同化主義的なホモファイル運動とは対照的に、１９６９年のストーンウォールの反乱や、１９８０年代に起きたエイズ危機以降に活発的に展開したACT UP、Queer Nationなどの団体による抗議運動など、同質性を強調した社会から承認を要求する運動ではなく、むしろ差異を強調した政治が活発となり、有色人種のクィア、トランスジェンダー、セックスワーカー、薬物使用者など、広い連帯が強まったのである（Gould 2012）。しかしそれが、第２章１節で述べた様に、90年代半ば以降からは同性愛運動が主流化し、左派的・戦闘的な勢いはなくなり、新自由主義的の台頭と共に、運動の方向性が「異性愛と同じように認められれば平等になる」といった性政治へと向かっていったのである。そんな、同性愛者の従軍と結婚の権利を求めるが、それらがいかに支配的なジェンダーの構造を再生産してきたかといった問題は問わない、既存の構造の変革ではなく、むしろ主流社会への包摂を求めるＬＧＢＴ運動に対し、クィア政治との緊張関係が出来上がったのだ。

2-4　美化され延命した婚姻規範

では、台湾ではどうだっただろうか。第2章2節では、いわゆる、主流メディアが消費する「社会的少数派による勝利の物語」としての幸せな語りや、主流派社会の理想や想像の範疇にとどまる「普通になりたい」性的少数者像、「条件付きの容認」などの語りを一部紹介した。しかし、同性婚を推進していく中で、「社会に認められたいあまり、婚姻制度の問題を問う事無く、むしろそれらにまつわる事柄を美化していく流れ」に、違和感を感じた人も少なく無い。

U：そうそう！　通常、運動のやり方っていうのは、全て美化して、しかも、そうしてこそ、推進する効果を得ることができるというもの。だから婚姻の運動をする時、あれこれと方法を講じると思う。例えば、安定した一対一の関係とか。そう。その後から（引用者注：異性愛の婚姻と）こうこう違いはある、というようなディスコース（言説）で縛っていくんだ。それが一種のやり方になっていく。だから自分は思うんだ。かれら運動は美化する、必ず婚姻を美化するんだ。

B：同性婚合法化した時、私、すごく嫌悪感を感じていたの。すごい嫌で。なぜかというと、ネットで皆「早く私にも紅色炸彈下さい（引用者注：結婚式の招待状の事。台湾では招待状が赤く、金銭贈与を理由に「赤い爆弾」と呼ばれる）」って書いてて。って、いや違うでしょ！

V：前に一緒に行ったイベント覚えてる？　どうやってゲイが結婚式を行うかレクチャーしてくれた講師の。も〜怖すぎて!!　あれやこれや買わなきゃいけないし、父、母、叔父、叔母に、近所の知らない人まで来る。結婚式なんて、同志どころか、異性愛の若い人でさえも好きじゃ無いでしょ。こういう伝統は変えた方がいいと思う。結婚の事は考える事も無くはないけど、結婚「式」の方が超怖い！　台湾の結婚式ってすごい大量のゲストを呼ばなきゃいけないいじゃん？　親戚にも言わなきゃいけないし、友達にも。自分がゲイって分からないかもしれないいじゃん!?　結婚は選択肢から排除しないかもだけど、結婚式は……（ため息）。

まず、BさんやVさんの様な、ブライダル産業などの資本主義との結びつきを語った語りはいくつか聞き取りの中で登場した。「異性愛的なシンボル性が強いブライダル産業なんて、最も同性同士の結婚式を挙げる事にハードルが高いのでは？」と思う人も少なくないだろう。だが、少子化が進み、ブライダル市場も縮小する中、潜在市場に目をつけ、新たなビジネスとして同性間の結婚式を扱う式場も以前より増えてきている。一方、同性婚が合法化された際、同性間での結婚式の写真が大量にメディアに拡散した際、その中産階級以上の経済力や、長期的で安定した一対一のカップル表象、そして「家族にも認められた」理想的な家族像などが強調された事に、複雑な感情を抱いていた者も少なくない。

そこでは、「結婚が美化された」「婚姻の規範が強まった」という声が顕在化したが、更に多い意見としては、「同性婚は、既に家族や社会からに認められた、特権的なマイノリティが享受できるもの」だという声だ。

B：法律が通ったとしても、利用できる人達は大体もうカミングアウトしてる人。親にも話が済んで、自分の社会的ステータスも変わらない安心感がある人。（ため息）皆の考えは甘い。そもそも、私の彼女もまだ家族に話してなくて、未だにお母さんに「早く（引用注：男の人と）結婚してほしい」とか「ドレス姿が見たい」とか言われてるんで、法律が通ったってすぐ結婚できるわけではない。異性愛者の人は単純に考えすぎ。法律通ったら結婚できる？　じゃあ異性愛者も全員結婚してるじゃん！　っていう話！　めっちゃムカついてる。

V：そう！　同志の結婚のプレッシャーは実際もっと強くなった。多くの人はカミングアウトしてないから、そういう人のプレッシャーはもっと強い。自分はその点においてのプレッシャーは無いと思うよ。一つの原因としては既に家族にカミングアウトしてるから。

この様に、制度が存在していても、それを利用できる人と、そうでない人がいる事が、濃淡はありつつも、明確に分かれたと語る人が多かった。しかし、そのカミングアウトをして同性婚を享受できる「特権的なマイノリティ」とされたVさんも、実際には簡単ではないと述べる。なぜならVさんの親は「同性愛という現実」から逃避したい心理的側面を抱え、「自分の息子が同性婚をするくらいなら、独身男性であってほしい」と考えているためだ。

V：自分の親は……心理的な逃避かな、「彼氏がいないなら、ゲイ男性じゃない、ただの独身男性」っていう。なぜそうやって逃避するかっていうと、自分が彼氏と付き合えば、かれらは同志に直面しなくてはいけないから。独身男性の方が、結婚したゲイ男性よりも勝る。

Vさんは、台湾社会では婚姻率が低下し、少子高齢化社会が社会問題となっているため、同性愛者による婚姻制度利用よりも、独身である事の方が、社会的な制裁が少ないと説明する。聞き取りから分かった事は、「今は同性愛者も結婚を期待される」にもかかわらず、それを利用できる者は限られ、さらに、同性愛に直面しない為に、「同性婚をしないでほしい」という家族からのプレッシャーも同時に存在し、板挟みの感情を有している人がいるという事だ。このように、婚姻制度は、同性愛の包摂をしつつ、異性愛規範を保った形で延命したといえるだろう。

例えばBさんは、婚姻制度があったせいで、「普通のレールから外される」不安や「自分に欠点があると感じさせる」葛藤をしてきたと述べ、異性間の結婚は「伝統的で」「女に厳しい不自由な制度」であるという認識に至るプロセスを吐露した。そのうえで、自分が好きな女性を同性パートナーとして選び、もう叶う事のない「異性愛女性としての理想的な花嫁姿の夢」を諦め、「伝統的な慣習から逃れて、結婚のない自由な付き合いを決めた」にもかかわらず、またもや結婚制度と関わらなくてはいけないのだと述べた。

B：（引用者注：結婚規範が強まったと）感じた。結局みんな、同性愛者たちも、その「普通」のルートに行きたいんだなと。

V：自分の印象では、同志コミュニティでは、同志は結婚したくないと思ってた時期さえあったと思うんだけど……。

R：結婚の見方は少し変わったよ。フェイスブック上の広告で、同志も結婚しようって、プッシュする様なものを見たんだ。かれらは、法律上の保障をもって、結婚の重要性を話す。結婚をする必要はないって言ってる同志がいるから、そういう人達に対して言うんだ。

K：（引用者注：台湾同志の中でも、結婚規範は）強化されたと思う。しかも……なんだろう……。結婚が不可能だった頃は、殆どの人は特に結婚したいと思わなかったというか、結婚を特に想像しなかったと思うんだけど、でも今は皆、結婚できるってなった途端……「結婚できる」が「結婚したい」に変わってしまった。選択肢があるから。しかも、選択肢というだけじゃなくて、「自然に」今後は「結婚しないといけないね」と思うようになった。複雑な気持ちだよ。自分は結婚したくないけど、もし相手が結婚したいって言ってきたら、プレッシャーに感じるかな。

N：Love is Love(4)なんて、ああ!! 吐いちゃいそう!! 誰か助けて!! もう周知の事実だけれども、婚姻の歴史が始まる最初から、女性が、商品としての価値を高くして、その時に、利益の交換として行われるわけじゃん。結婚で「I DO（誓います）」と言うのは、美化された婚姻を、自己決定に変化させる明示的なシンボルでしょ？ 結局ロマンチックな愛が優勢になって、現代の宗教みたいになった。数百年も続く大きなイタズラの様。この問題を疑いなく信じている人が沢山いるし、社会運動のキャンペーンがこれを強化しなくてはいけないのが、悲しすぎる。同志だって、結婚に反対する人はいるよ！ 異性愛者のように。結婚はおかしなものだよ。制度の中にいる人は常に抜け出したいと言い、制度の外にいる人は常に参入したいという。異性愛者達は「結婚はあなたの人生の必需品です」って教わって育つ。結婚したら大人になる。しなかったら大人じゃない。こんな制度、要らない同志は沢山いる。

この様な、特定の身体に特権を与える制度の温存・再強化や、人々を婚姻制度や異性愛規範との親和性が高い事柄へ自ら服従させる様なヘゲモニー（覇権）を問い直す事は、重要である。しかし、ここで注意したいのは、婚姻を渇望する同志たちは「誤った意識（false consciousness）」に惑わされて主流に入ったと（劉文 2015：110）いう見方を、するべきでは無いという事だ。なぜならそれは、クィア理論の反同性婚立場に対する誤解に容易に陥り、問題に気が付き抵抗する

「良いクィア」と、それに気がつかない愚かな「悪いクィア」に区分するような、二項対立のアイデンティティポリティクスとみなす事に繋がってしまうからである。

逆に言えば、「同性婚支持の同志」を唯一のコントロールの対象とみなすことは、あたかも「同性婚に反対」を選択しさえすれば、もうノーマティビティの連帯の制約を受けなくなると議論しているかのようになってしまう（劉文 2015：109-10）。そのような天真爛漫な脱文脈的適用をするディスコースを取ってしまうと、ある種の新自由主義政治が過度に単純化された解釈になってしまうだけではなく、米国の経験を、世界各地で「必然的に」発生した同志運動のプロセスとしてしまうことになる（劉文 2015：109-10）。この点は、台湾の文脈を読み解くうえで、気をつけて解釈すべきだろう。

2-5　クィアスタディーズと婚姻制度解体論：反「包摂」と同化の代償

次に、フェミニズムや批判人種理論などからの議論を継ぎながらも、更なる複数性を有した形で現れた、クィアスタディーズの批判的視点による婚姻制度解体論について、まとめていく。ディーン・スペードは図表2-1を挙げ、主流派運動の解決策と批判的クィア・トランス政治によるアプローチの比較例を述べた。例えば、クィアやトランスジェンダー、貧困者、有色人種、移民がヘルスケアへアクセスしにくい問題があるとする。それに対し主流派運動の解決策では同性婚の合法化が挙がるが、批判的クィア・トランス政治によるアプローチでは、ユニバーサルケアや医療へのアクセス、トランスジェンダーのヘルスケアなどを求めるアプローチをとる。国際

図表2－1

大きな課題	レズビアンとゲイの正式な解決策	批判的クィア・トランス政治アプローチ
クィアやトランスの人達、貧しい人達、有色人種、移民らは、質の高い医療に、最低限しかアクセスできない	同性婚を合法化し、仕事による健康手当を同性パートナーと共有できるようにする。	メディケア・メディケイドアクティビズム。ユニバーサルヘルスケアや、トランスジェンダーの医療ために闘う。拘留中の人々に対する、国家の深刻な医療ネグレクトに抗議する。
クィアやトランスの人々に対する暴力	ヘイトクライム法を成立させ、刑期を増やし、地方・連邦の法執行機関を強化する。暴力の割合に関する統計を収集し、地方・連邦の法執行機関と協力して、憎悪によって動機づけられた暴力やDVを訴追する。	集団的治癒と咎責性を支援する、暴力に対するコミュニティベースの対処法を発展させる。警察による暴力、投獄、貧困、医療の欠如や住居不足など、クィアとトランスの早期死亡にかかる根本原因に取り組む運動に参加する。
クィアやトランスの人々は、軍隊で暴力や差別を経験する	米軍におけるゲイとレズビアンの入隊禁止を撤廃する。	国内外における帝国主義的な軍事行動、人種・性差別主義者に反対する運動に参加し、国防予算の削減／廃止を要求する。
不公平で懲罰的な移民制度	同性婚を合法化し、市民権を持つ人が同性配偶者の法的な居住権を申請できるようにする。	移民の投獄と強制送還を廃止する運動を支援し、合法的な在留資格を婚姻関係に依存させる移民法に反対する。
国家および／もしくは非クィアや非トランスらによる法的介入・別居に対して、クィアやトランスの家族は脆弱である	同性婚を合法化し、同性の両親を持つ家族を「合法化」する道を提供する。養子縁組における、性的指向を理由とした差別を禁止する法律を制定する。	家族法や児童福祉制度の対象となる他の人々（貧困家庭、服役中の親、先住民家族、有色人種家族､障害者ら）と共に、共同体や家族の自己決定、そしてかれらの子ども達を家族や共同体に繋ぎとめる権利のために闘う。
病院での面会や相続などの場面で、異性婚以外の家族の繋がりを、制度が認めない	同性婚を合法化し、同性パートナーを法の下で正式に認める。	異性・同性カップルだけでなく、多様な家族形態を認めるよう、病院での面会等の政策を変更する。相続を廃止し、根本的な富の再分配と貧困の撲滅を要求する。

Critical Queer and Trans Political Approaches（Spade 2015：32, 33）をもとに松田が翻訳して作成

同性カップルの問題があれば、主流派運動の解決策では同性婚の合法化が挙がるが、批判的クィア・トランス政治によるアプローチでは、婚姻関係に依存した移民制度や統合、強制送還などの問題解決に挑戦する。そうすることによって、特定の少数のマイノリティのみが得られる限定的な自由ではなく、より多くの人々を含めた自由を得られるというアプローチである。

この背景には、主流派運動は、抑圧された者同士の差異を軽視し、抑圧された者の中でも異性愛規範と親和性の高い最も特権のある者からトップダウン的に解放される様な、中産階級白人シスジェンダーゲイ男性を中心とした承認の政治を展開し、スティグマ解消という名の下に国家が性を管理する事の議論を不問としたという指摘がある（Spade 2015）。例えば人種の面でいえば、ベイリー、カンダスワミー、リチャードソンらは同性婚推進運動と人種差別の関係性を示した（Bailey and Mattie 2004）。実践的な運動の面においても、エイミー・スエヨシが、全てボランティアで運営しているサンフランシスコの組織「アジアン・パシフィック・アイランダー・クィア・ウィメン・アンド・トランス・コミュニティ（APIQWTC）」が毎年の資金活動のためのスポンサーとして全国のクィア団体に呼びかけたものの、婚姻の平等の為に積極的に参加していないとして支援を一切断られた例を出し、クィアコミュニティのあらゆる問題よりも一方的に婚姻の権利が優先されている点を指摘した（Sueyoshi 2009）。さらに、歴史の観点からは、キャサリン・フランクが、『Wedlocked』という書籍（副題「婚姻平等の危険――なぜアフリカ系アメリカ人とゲイ達は結婚の権利がかれらを解放すると勘違いしたのか」）にて、奴隷制と同性婚の比較から、中産階級の白人家庭モデルを理想とした制度が黒人やゲイ達を抑圧してきた事を批判したものがある（Franke

2015)。

性関係においては、ゲイル・ルービンが、セックスのヒエラルキーの上位に位置しているものとして、安定し、長期間続いているレズビアンやゲイのカップルを挙げ、逆に、不安定で短期間で終わってしまう関係や、特定のパートナーシップを継続せずにシングルで生活を営む人々は劣位に置かれると述べる（Rubin 1984）。この様に、非常に限定的な定義の「リレーションシップ」を批判し、多様な性の関係性やライフスタイル、性の流動性を衰えさせる危険性が、同性婚推進運動には存在すると批判された（Spade 2015）。

つまり、法的平等の後に待っているのは、形式的平等の空虚さであり、その構造がいかに問題を再生産し続けているかを問わずに、ただ単にこぼれ落ちた人々を「包摂し続ければ良い」というアプローチは限定的な自由、もしくは屈辱的な勝利であるとしたのである。そこで、クィアスタディーズや運動は、この様なオルタナティブなアプローチ実践を提案したのである。

2-6　婚姻制度への懐疑的視線：「後回しにされたわたし（たち）」の性／親密性

では、同性婚の合法化に一定程度の肯定的感情を抱きながらも、「問題含みの制度になぜ喜ばねばならないのか」と婚姻制度自体への懐疑的視線投げかけた人たちは、どのような人たちだろうか。

セックスワーカーのJさんは「結婚後、性産業に従事していた事が配偶者の親族にバレて訴えられた友人」を挙げ、現状の婚姻制度は、婚姻間のみに性のアクセスを限定し、その規範から外れた者が処罰される点において、「正しい女」とセックスワーカーを分断するものだとし、それは同性婚も変わらないと述べた。更に、BDSMer[5]（＝BDSM実践者）でもあるJやR、ポリアモリー[6]実践者でもあるJやHからも、同性婚運動を通した「正しい性」を前面に推し進める事での新たな線引きや抑圧の語りが聞けた。

J：同性婚の運動があったせいで、私みたいに、BDSMをしている人は黙ってろとか、運動で邪魔者扱いされてた。ポリアモリーの人もね。特に同性婚が通った時のパレードでは、そういった雰囲気は強くなった。

R：「BDSMerはパレードで歩くな」なんて、そんなのはおかしい。かれらは、『普通』になりたいんだから、一緒に歩いてほしく無い」って、僕達に言う。けど、パレードは性解放の場所であるはずなのに。

H：今、ポリアモリー、つまり、自分は男性と付き合っているんだけど、その彼氏には、別のパートナーがいるんだ。[…]勿論、同性婚も異性婚と同じく、一対一の長期的なロマンティックな関係を賞賛するものでしょう。

V：同志で、BDSMを嫌う人もいる……。パレードで毎年そういう喧嘩が発生する。露出が激しすぎるとか、「変な」風貌をするなとか、男性は男らしい格好をすべきで、女性らしい服は着るなとか。BDSMerを嫌いな人達は、「自分たちの印象が悪くなるから」って理由づける。これは悲しい事だと思う。「普通の人と同じ自己表現をしたい」とかれらは言うけど、僕達が欲しいのは多様な自己表現なはず。BDSMerは、同志よりもスティグマが強いと思うよ。学校でも、間違った情報や、とんでもないステレオタイプが蔓延している。

この様に、同性婚推進運動で「後回しにされたわたし（たち）」のセクシュアリティや親密性はいくつも浮き上がってくる。

B：無理やり、また伝統的なやり方で、皆を（引用者注：婚姻制度に）入れようとしている。それによってもう、なんか、色々進めた事も進めなくなっていると思う。例えば「多元成家」、多様な家族の形。

「多元成家」とは、台灣伴侶權益推動聯盟（TAPCPR－Taiwan Alliance to Promote Civil Partnership Rights）（以下、伴侶盟）が作成した、多元成家立法草案を指している。２０１７年に同性婚を可能とさせる基盤となった三草案で、①婚姻平權草案②伴侶制度草案（性別を問わず、性愛も前提としない）③家屬制度草案（二者間に限らない）を含み、より広く多様な家族形態の法的保障を求めたものである。しかし、この多元成家は運動の中で後景化し、婚姻平等の権利が前景化していった。よって、（運動の全てがはじめから多様な親密性の形を排除しようとしていたわけではないものの、）合意の下で二者に限らない性関係を結ぶポリアモリー、無性愛、性愛を前提としない親密性、BDSMなど、多様な性や家族形態を望む人々と主流派同性婚運動との間には、葛藤を含んだ緊張関係が可視化される事となったといえる。

O：そう、その選択肢も考えてたの。恋愛感情の全くない友達と結婚するっていう。この社会には、自分で選択したとしても絆の強い「コミュニティ」と、自分で選択できなかった「伝統的家族」があるでしょ？　私は前者を大事にしたい。婚姻ってメリット沢山あるじゃん？保険とか。でも、性的な愛がなくたって、あったって、友達と結婚してそれを享受しても問題ないと思う。異性愛者の同性同士で結婚したって良いじゃん。

R：無性愛の人も、「ああ！　異性愛者じゃないということは、同性愛者ということね！じゃあ同性婚はできたんだから、早く結婚しちゃいなよ！」とか生活で言われるのは目に見えるよね。無性愛の声は、同性婚推進運動の中では全く見なかったね。

L：無性愛の議題は本当に埋もれてしまった。全然議論されていない。

この様に、無性愛の話題や、性愛に限らない親密なケアの関係という視点から、婚姻制度の問題、および現枠組みに捉われない想像の重要性や可能性を述べた人たちもいた。Oさんは「同性婚は同性愛者だけがするものじゃない」という視点から、「異性愛者だって、同性同士で婚姻制度を利用する事を試みれば良いのに」と語る。対象者の中には、他にも実践的に「家族規範をクィアしていく」作業を体現している人がいた。

例えば、日常的にジェンダーやセクシュアリティに関して積極的な発信をしている、ジェンダークィアでノンバイナリーのNさんは、乳幼児を育てている夫婦と共にルームシェアをしており、多くの人から珍しがられ、驚かれるという。参与観察では、Nさんの家で、赤ちゃんがハイハイしている中、壁にはクィア運動関連のポスターが沢山貼られ、様々な社会運動のグッズが同空間に存在していることが観察できた。幼児とクィアが親密な空間を共有するという事は、異性愛規範を再生産させる家族規範の強い社会において、簡単に受容されるものではない。なぜなら、「異常性愛」を持った成人が何を子供にするか分からないといった、小児性愛や性暴力と恣意的に関連づけられたり、子供への「悪影響」やＨＩＶ感染の恐怖など、偏見に基づき忌避されてきた歴史があるためだ。それに対し、この夫婦は私的空間の共有に対し、問題どころか、むしろ「洗濯物を干している最中に乳幼児を見守って貰えたり、ちょっとした手助けをお願いできたり、助かっている」と、Nさんと良好な関係を結べているそうだ。

そんな、Nさんは、複数の人と性的関係を持つことにオープンな「ノンモノガマス」であり、自身が子供を産むときには、性的関係を持った人とは別居した状態で、「レインボーハウス」で複数人と子育てをしたいと考えている。

N：友達との結婚は、なくもない選択肢。自分は、付き合いたくないけど、子供は欲しい。でもこれだと子供はシングルペアレントを持つことになる。産婦人科に行って検査してもらう時、看護師に「あれ？　この人、配偶者がいない」って思われたらどうする？　考えるだけでイライラする。だから、父の様な友人を探すとか、前にそういうことは考えたよ。［…］でも、同性婚が通る前、2012年に三つの法案出たでしょ？　同性婚法案、伴侶法案、多元成家法案。あの時の社会からの衝撃に対抗して、戦略を変えていかなきゃいけない姿といったら。結局、同性婚法案だけが支持を得た！　一番主流的で、主流的なイメージに沿ったものだからさ！　残りの二つは明らかに婚姻よりよかったのに。一部の人を失望させたよ。友達と多元成家を作りたかったと思ったよ。［…］一男一女、一生一世、一対一、このロマンチックな三つが合わさると恐怖。

しかし、この様な規範的とされない家族形態や性関係、そしてその生活のあり方は、「後回し」にされたセクシュアリティと解釈できるだろう。Nさんは、自身を「毀家廢婚」（家族・婚姻制度解体論者）であると自負しており、婚姻制度が、いかに流動性や柔軟性が無いか、いかに友人関係を軽視するか、肉親関係をいかなる時でも尊重するかを語り、婚姻制度解体の必要性について語った。

N：自分は「毀家廢婚（引用者注：家族・婚姻制度解体論者）」の立場を取る人だよ。自分は、婚姻制度をこの地上から消失させる日が来るべきだと考える。そう。あまりにもこの制度は不正義。人は、自分に不適合な関係を終わらせる選択をする権利を持つべきだと思う。だから、自分は現在存在する親族認定関係にも反対している。例えば肉親、つまり誰が親子だとか、誰が兄弟姉妹だとか。生物学的肉親なら、どんな方法でも一生親を排斥できない。家族があなたに極めて深刻な障害を与え、あなたがもう二度と家族に会いたくないと思っても、「決して会わない、決して連絡しない」という事は、今できないでしょ。その人が死んだとか、歳を取ったとか、そんな事があっても、裁判所はなんとかあなたを見つけ出し、責任を取らせようとするでしょ。問題は肉親だけじゃなく、配偶者や配偶者の親にも、さらに関係するし、家族制度はそういう状態を作り出してしまう。

確かに人間が始終原子化された個人になることは、永遠に不可能。だから、必ず何らかの社会的連帯を形成しなければならない。つまり、自分の考える最良の状態は、「自分でいかなる形式の関係も選択できること」。そして「それをひっくり返せること」。だから自分と家族が、もはやこの関係が不要になった時、自分達はこの関係を継続しなくて良いという、いささかの方法があること。父子関係を離脱したいとか。離婚は少なくともひとつの方法だけど、とってもとっても難しい。入ることができても出られない。落とし穴みたい。入り込む時は容易だけど、抜け出せない。

友人とは、一生法律上いかなる関係も持つことができない。だから友人とは、法律上は見知らぬ人同士。我々は、法律上見知らぬ人の時、ロマンティックな恋愛をする。その友人が既に子供を生んでいたとしたら、その子供と自分は親子の関係になることができないでしょう。全て伝統的な想像の下、自分と友人が法律上の見知らぬ人であることに、何か問題があるなんて思わないでしょう？　自分と友人は元々法律上の見知らぬ人なんだから、重要じゃないでしょう。そして、「ああ、彼女ができたから、自分達はこれから一緒に出かけるのはやめとこう。」「彼女がヤキモチを焼くから」って、非常に多くの人が言い始めるでしょう。もしこうした関係で自分が他の人との関係を全部断ち切らなければならないとしたら、反吐が出る。本当に。

だから、自分が期待していることは、これほどまでに厳格な肉親身分関係がなくなる日が来ること。いわゆる結婚が形成する核家族式の人間が沢山いるという状況を無くしてほしい。自分が問題視しているのは、親密な関係そのものの問題に留まらないんだ。家庭を閉じた空間にして、外の資源も入らないし、中にいる人も助け出せないということの状態。もしも一対一の異性愛者男女の婚姻であれば、女性は全ての家事労働と育児を要求される。彼女はこの家庭という場所から出られないし、離れられない。外の資源も入り込めない。彼女のSOSも聞こえない。つまり彼女はSOSを出す勇気もない。そして彼女の周りの友人も、自分が助けに行く義務がないと考える。彼女も「他人の助けを求める権利が自分にはある」とは思わなくなる、というような状況の時、とても恐ろしい事が起きる。以前、新竹（台湾北西部の都市）サイエンスパークのエンジニアの妻が、自分の子供を殺した後、自殺してしまった。知ってる？[7]

こういう状況を想像して。二人が大学の時に知り合って、新竹に行きます。そこはとてもＩＴ産業が発展しているところだから。でも二人にとって新竹は故郷ではない。だから生まれ故郷の人が周りにいない。実際の事件はどうだったか分からないけど、一人は元々台南に住んでいて、もう一人は花蓮（台湾東部の都市）かもしれない。そういうことにしよう。二人の父母は新竹に来てお手伝いをすることができない。そうすると彼女はそこに閉じ込められる。友達もいない。一人でそこにいる。なぜなら旦那がそこで仕事をしているから。旦那には少なくとも同僚がいる。彼女には友達が一人もいないし、いかなる社会連帯もない。朝から晩まで子供と一緒にいて、お話もできない。どうやって話をしたらいいかも忘れてしまうほどだ。そして旦那は毎日残業をさせられる。ＩＴ産業だから。

こうやって家に閉じ込められて三年たったら、自分でも自殺するよ。恐ろしい！　彼女はその時、なぜまず子供を殺してから自殺したか？　それは、自分がいなくなったら誰も自分の子供の面倒をみてくれないから、子供はもう終わりだから！　旦那だって子供の面倒を見てくれないかもしれないから、子供を殺してしまったんだ。とっても彼女の気持ちがわかる。自分も同じように思ったことがあるから。ただ自分はここまでやらなかっただけ。なぜこんないい人をこんな核家族式の場所に閉じ込めて死なせてしまうのか？　そして社会はこう考えるのが正統だと考える、全ての人が結婚したら子供を産むんだと。そして子供の面倒を見させる。あなたの人生はつまりこんなもの、あなたはこうでなければいけないって。例えば、そろそろ結婚しなければならない年齢になったら、慌てて適当に誰か見つけて嫁ぐ。相手がとても悪い人だったということを後になって発見する。お父さんもお母さんも、それが運命だという。本当に。どうして彼女をここまで追い詰めるのか。自分達の社会が、人間をずっとこの制度の中に押し込め続けているんだ。わかる？　このことはとっても恐ろしいこと。

確かに、Nさんのいう様に、クィア左派の多くは「反結婚・家庭」の立場を堅持すること、及び、その普及を打開すること、婚姻及びパートナーシップ制度が人質にするところの各種権利に懐疑的な視線を絶えず投げ掛けるよう、努力してきた。この文脈のもと、市民権は、いわゆるホモノーマティビティが持つ特権であるのみならず、人種、階級、性別などのアイデンティティに関わらず、ともに享受する基本的な権利として、婚姻制度と結びつき、同時に「市民たるもの」や「国民たるもの」の理想像を構築してきた。

しかしUさんは、この様な婚姻制度解体論や批判は台湾でも生まれたが、それは同性婚推進運動の流れの強さの中で力を弱めたと捉えている。無論、その批判が全て無かったことになっているわけではないし、批判は形を変えて続いているが、今は何より、婚姻に付与された覇権的権力に対してより複雑な感情を感じていると語った。さらにQさんは、同性婚推進運動も、婚姻制度解体論を述べるクィア運動も、どちらも米国を念頭に置いた西洋の運動から大きく影響を受けていると指摘した。

U：婚姻制度に抗議してるかって？　あの時、同性婚を推進していた頃は、確かにそういう議論があったと思う。同志運動は婚姻制度批判と一緒に議論する必要が一体あるのかどうかっていう。まだ法律が通る前のあの頃、一般にもこの議論があったんだけど、その後、婚姻制度反対の力は落ちたと感じたね。というのは、この制度が合法化された後、選択肢ができるから、そこに入っていくかどうかっていう話になって。実際、反対してた人は、入ろうとはしなかったみたいだった。その人もせいぜい、別な角度から「この制度はあまりに酷い！」と罵っていただけだったように、私には見えた。自分は、この制度は一種の柔軟性を生み出してると思う……けど、考え直してみると確かに実際のところ、まるで友達に結婚を強いているような所もある。これも難しいところだね……。つまり結婚しなければならないわけではないのに、強制結婚を求められているみたい。そうね、とっても難しい。

Q：西洋のクィア運動は台湾に大きく影響していると思う。それはパワフルなものとして、台湾に入ってきたと思う。

確かに、同性婚運動が大いに盛り上がり、クィア左派の「家庭と婚姻を破壊すべきだ」という批判路線は隆盛し、時間が経って、一定の地位を獲得した派閥を形成した（劉文 2015 : 106）。劉文によると、「台湾の同志運動の発展は、米国の同志運動のプロセスの影響を深く受けているため、同性婚と関係のある批判もまた、クィア理論を取り出して翻訳をしたものであり、そして即時、それに適用し、台湾の同志運動の批判と観察に入れ込んだものなのである。これに鑑み、筆者は、現在の『家族・婚姻制度家解体論』のディスコースが直接、政治を実践する路線に直接適用されると、大きな問題が出現する」と、述べている（劉文 2015 : 107）。続けて、「クィア研究が一つの制度化された学術領域として学術の主流に入り、学術の領域でクィア研究をする人が、欧米の理論と知識や技術をもって、社会批判をする特権を持っていること、領域の専業化の影響を考え直し、より広く考えたほうが良いのではないか」と述べる（劉文 2015 : 119-20）。要は、台湾におけるクィア左派への批判を含めた）欧米中心の知識生産に重点をおいたモデルの固定化が、台湾の文脈を無視する危険性があるのではないかという指摘である。

しかし、同性婚を支持するか、婚姻制度を解体するか、という選択肢は、オセロの白黒の様に、どちらかを選んだらどちらかを捨てなくてはいけないわけではない。つまり、その二項対立に陥るのではなく、同志運動の歴史の文脈の中で、これらの異なるテンポラリティの幾重にも重なった欲望として、①眼下の可及的な社会改革を重視し、同志アイデンティティを推進することを、一種の現代的な公民運動にする新たな可能性や、②より長期的に、広義の婚姻制度を脱構築する方向に向かって邁進するといった、2つの欲望と時間軸を我々は生きている（劉文 2015：104）という解釈が求められているのではないか。

J：同性婚と婚姻解体は、両方支持できると思う。

O：ただ婚姻制度を無くして、守るべき弱者を守れなくなるのはダメ。婚姻制度は多くの人の命を守ると思うから。ただ、結婚しなかったら死ぬのもダメ。だから、結婚してもしなくても平等になる様な、最小の結婚の様なもの方が賛成。(7) 今の様に、同性愛者を包括して、二等市民の様に扱うのには、複雑な気持ち。

N：もしも結婚というものがあったら、自分は選んでも選ばなくてもいい、というのがよい。例えば弁護士資格試験というものがあったとする。その制度は確かに存在する。人々はそれが大好き。でも全ての人が必ず弁護士資格試験を受けなければならないとしたらどうなるか？　全員が弁護士資格試験を受けるなら、それは全員が大学入試を受けるため圧力を掛けられるのと同じになる。大学入試のために飛び降り自殺をする人もいる。全員がこうしなければならないというのが、最も恐ろしいことなんだ。そしてそのこと自体が不正義なことなんだ。だからそれは存在してはならない。そう。だから自分はソフトな「毀家廢婚（引用者注：家族・婚姻制度解体論者）」主義者だと思う。つまり、もしも全ての人に婚姻をさせなくてもよくなるような状況になったとしたら、制度を全部無くしてしまわなくてもいい、とも自分は考えている。ただ、今は、全ての人を皆家庭に詰め込んでいる状況にあるから、自分はこれをさっぱり無くしてしまえ、頼むから無くしてくれ、一体どれだけの人を酷い目に遭わせているんだ、と考えるんだ。

長い時間自問してきた。最初、自分はとても矛盾していると思ったよ。多くの人が婚姻制度に参入した後、益々この事を反省しないという間違いを犯すはず。自分は今確かに、同性婚が通過した事を「素晴らしい」と言っている多くの人を目撃している。「全ての人が結婚できる、素晴らしい」と。そして婚姻ということ自体が持っている問題を考えようとしなくなるんだ。当然これらの人々は、同性婚をする前には考えたことがないかもしれない。なぜなら、婚姻を反省する能力がある人は元々少ないから。

だから、婚姻を直接地上から消失させて、存在を消したいけど、余りに困難だ。だから、最初は、結婚できる人がいてもいいし、結婚できない人がいてもいいって主張するんだ。結婚に問題がある時、二つの方法がある。それは全ての人が結婚することと、全ての人が結婚しないこと、つまり結婚というものは要らないとすること。後者は本当に、あまりにも困難だ。完全に理解している。とても長い間考えた結果、「さあ、我々は階級闘争をやるぞ、圧迫を消し去り、平等を求める、あれが必要、これが必要」みたいなことをすることなんて、できっこないと自分は思っている。

現実は、これほど多くの人為的な、想像されたものが制度の中に入っているという注釈をつけてくれている。婚姻も同じ。しばらくはこの婚姻制度が社会全体を覆い尽くしている社会状態から抜け出せないのであれば、より多くの人に入ってもらうということが必要になる。つまり、台湾が非常に長い時間をかけた婚姻改革の経験に似ている。以前の婚姻はとても深刻な男尊女卑であって、今でもそうだということ。ただ、以前は「深刻」だったけど、今は「ちょっとだけ深刻」であるということかもしれない。婚姻は本当に長い年月を掛けて修正を経験している。

ずっと、ずっと、ずっと修正し続けている。それは、実はもともとみんなが想像している婚姻、つまり鶏に嫁いだら鶏に従い、犬に嫁いだら犬に従わなければならず、どれだけ惨めでも仕方ない、というものなんだ。すでに長い年月が過ぎた。こうした概念は、ずっと絶えず挑戦されてきていて、多くの異なるアイデンティティが包摂されて、婚姻制度に入り込んで、変化を起こすんだ。例えば、ゲイとレズビアンが婚姻制度に入り込んだら、誰が主人で、誰が家内になるのか。以前男が主人で女が家内だったころは、どうしようもなかった。ところが、ゲイのパートナーがそこで議論している時、異性愛者も脇でそれを見るこ

とになるんだ。こうしていると、なぜ自分が当然のように社会にコントロールされている
のか、と思うようになる。

すぐにでも婚姻の構造は揺らぎ始める。だから自分達が当初婚姻制度に反対した時、自分達の想像の中で、婚姻自体が、とても恐ろしいことであり、多くの圧迫を創り出していると感じたんだ。でも多くの人が制度に入った後、そのことでこうした圧迫の形式を書き換え、それらを揺るがすことになるんだ。自分は今回の異議で、「毀家廢婚派（引用者注：家族・婚姻制度解体論者）」はいささかの効果を生み出したと思う。自分はそれでOK。そう。こう考えると、このことは「毀家廢婚」が追求する目標の一部がやはりあるんだ。当然、核家族形式や、親子二代を家の中に閉じ込め、社会に対してセーフティネットを拡張しない、ああいう形式はやはり問題だ。だから自分達はまだ他のところで努力を続けなければならないんだ。仕方ない。つまり永遠に沢山の努力をしなければならないんだ。

もちろん、運動の路線は必ずしも全て構造要因によって断定されるものではない。なお、複雑な歴史文脈のレベルや、積み重なりも必要である。我々には、クィアが同志を打倒する様な姿勢でもなく、シングルポリティックスでもなく、婚姻や家が現状の異性愛規範制度において閉鎖的になってしまっている問題を解決する一面も持ちつつ、多元的運動な方を行う（劉文 2015：125）、複数の時間軸を有した視点が必要なのではないか、ということが聞き取りから分かった。

注

1　ホモノーマティヴィティとは、性的少数者のコミュニティ内における規範であり、「ふさわしさ」のヒエラルキーとも呼べるだろう。なお、別の使用法としては、トランスジェンダーの政治的・文化的アクティヴィズムを行う中で経験される、疎外の感覚を明確に表現する試みとして、この語彙が1990年代初頭に使用されていた（Stryker 2008：145）とも言われている。例えば、１９９８年のジャック・ハルバースタムの著書『Female Masculinity』で使われるホモノーマテイヴィティは、異性愛規範を内包した、ジェンダー規範的なゲイ・レズビアンによって、女性の男性性が蔑視される（Halberstam 1998：9）、という使われ方をしていた。これらの意味とは異なった形で、ホモノーマティヴな運動が新しく出てきたと主張したのが、リサ・デュガンである。

2　１９６９年６月28日、マンハッタンにあるゲイクラブ「ストーンウォール・イン」に、ニューヨーク市警が踏みこみ、従業員や常連客らが乱暴にバーから連れ出されたため、客や近隣住民の間で暴動が起こり、抗議行動や法執行機関との激しい衝突が続くという、性的少数者の批判運動における大きなきっかけとなった事件である。

3　モノガマスとは、モノガミー的なという形容詞。狭義では、一対一の婚姻を志向することやその状態をモノガミーと呼び、一対一のパートナーシップや交際を志向するライフスタイルやその状態をモノアモリーと呼ぶ（しかし、モノガミーはより広義に、婚姻の有無に関係なく使われる事もある）。パートナーを一人に限定することを大きな特徴とし、多くの場合、互いの性的活動や関係の独占を伴って実践される。ノン・モノガミーとは、一対一の排他的な関係性ではない性的関係や恋愛関係、その他の親密な関係性を志向する価値観のことを指す。

4 Love is Loveとは、主に米国を中心にした結婚の平等を求める政治的キャンペーンであり、幅広い聴衆の心をつかむキャッチーなスローガンとして世界中に広がりをみせた。

5 ボンデージ（束縛・拘束）、ディシプリン（規律）またはドミネーション（支配）、サディズムまたはサブミッション（服従）、マゾヒズムの頭文字をとった語。例えば、相手を縛る、一方のパートナーが他の方のパートナーを支配する、快楽のために苦痛を与えたり受けたりするなど、ＢＤＳＭにはしばしば力の不平等を伴う役割を担う特徴がある。幅広い行為やロールプレイが含まれるが、合意の上でのＢＤＳＭ行為と、虐待には大きな違いがある。リスクに対する関係者の十分な合意形成を重点に置く。

6 「合意」「誠実さ」に重きを置く事が多く、関係者の合意の上で、複数のパートナーシップを志向するライフスタイルやその状態（必ずしも性愛をベースとしないものも含む）を指す。「私はポリアモリーだ」と人や性質を指す使用法もあるが、基本的には「ライフスタイル」を指す言葉。「倫理的な／責任あるノンモノガミー」と呼称される事もある。

7 この新竹での事件については、以下を参照（華視新聞 2016）。

8 「最小の結婚」とは、一夫一妻をはじめ、同性同士、複数の関係、友人関係、成人間のケア関係をも法の下に平等に認めるという制度として提唱された概念（Brake 2012）。

第3章　ナショナルプライドをめぐるアンビバレンス

　この章では、ナショナリズムが交差した時に、どのような声が上がったのかを、インタビューをメインに読み解いていく。主流派社会集団に親和性が高いとされる人々の声のみを取り上げる事や、安易な「社会的少数派による勝利の物語」、「自集団を盲目的に賛美するナショナリズム」のみに回収されるような描き方には慎重になるよう努めた。その点を意識しながら読み進めてほしい。

　「誇らしいけど、複雑な感情」という、この新たな規範に対するアンビバレンティックな感情の表出を描き出し、「後回しにされたわたし（たち）」による「喜び」、「憂い」、「怒り」の重なりに着目すると、何が見えてくるのか。そして、それらは、どのような人々に起こりやすい感情なのか。特定のナショナルカテゴリーに上手く帰属できない／したくない「わたし（たち）」による視点を導入しつつ、台湾ホモナショナリズムを論じることを試みよう。

3－1　「ナショナルプライド」としての婚姻：「台湾」の肯定的意味付与

　まず、インタビューから分かったことは、全体的に、同性婚とナショナリズムとの交差においては、アジア限定の性的例外主義のもと、「台湾」に対する肯定的意味付与がなされており、「同性婚合法化は、自分達が自身で勝ち取ったものだから、台湾アイデンティティを補強する誇らしい事だ」と、同性婚が「ナショナルプライド」として受容されていることだ。

R：「First in Asia（アジア初）」ね。自分は、これは良いことだと思うよ。とても誇らしい、プライドとなるものだと思う。（引用者注：異性愛シスジェンダー中心的な）主流社会のマジョリティにとっては、「素晴らしいタイトル」というわけでもないかもしれないけど。でも、自分の年齢に近い若者たちからしたら、良い成績を出したって感じだよ！

この「プライド」という言葉や「誇らしい」という感情は、頻繁に聞き取りの中で登場する。この肯定的感情は、自分達が声を上げて権利を自ら勝ち取った感覚からくるものも勿論あるが、更に言えば、アジアにおける性的例外主義、つまり、国際社会からスポットライトを浴びる事を渇望してきた状況の中、アジアの中での「優等生」になれたという喜びからくるものでもあると捉えられる。その背景には、その権利獲得プロセスにて人々が「台湾の主体性」を感じた事も挙げられるであろう。しかし、これは（例えば「自国が世界で最も例外的に性に開放的で寛容だ」と自負する米国と異なり、）あくまで西洋を最も「開放的な」場所とした位置付けた上で、台湾を「アジアの中で最も開放的」と認識する、地域限定的な性的例外主義であることが聞き取りから分かる。

R：プライドっていうのは、アジアの中での話ね。アジアでの同志に対する態度は、西洋とかヨーロッパとかアメリカと比較したらまだそんなに開放的じゃない。だから、台湾がアジアで一番ってのはすごく良いじゃん！　って思ったんだ。

B：だって欧米とかアメリカだったらカミングアウトしやすいし。例えばロサンゼルスに行ったら周りは同性愛者に対して別に「変わってる」って思ってないから、すごいカミングアウトしやすいと思う。だから欧米の世界の考え方はすごく進んでいると思う。アジアの中では、正直言うとそんなに進んでないですよね？　私はアメリカに出張でしか行った事ないけど、ロサンゼルスに行った時に「自由だな」と思った。道で同性愛者達もめちゃくちゃいちゃついてるし（笑）。なんか、そういう感じは台湾の普通の街だと、少ないと思う。まあ、特定の場所に行ったらあるかもしれないけど。でも、フレンドリーさは、台湾は、世界の平均は超えてるかなって思うよ！

この様に、殆どの対象者は、西洋社会で実際に存在する差別を不問とし、無条件に西洋社会の方がある種のユートピア的な場である様な語りを述べ、西洋を比較参照軸にすると台湾を「先進的」「自由」であるとは口にしない。一方、他のアジア諸国との比較になると、一定程度の内省はありつつ、「台湾＝先進的」言説が顕著に表出する。

K：初めてこの言葉を聞いたとき、とっても驚いた。アジアはとっても大きくて、とっても多くの国があると思ったから。その時はまさか台湾が同性婚を実現した国家になるなんて、思ってもみなかった。そう。その時、台湾人がまだそんなに進歩的だとは感じていなかったから！　アジアってとっても大きいでしょう？　台湾が本当にアジア初なんだ……って、とっても驚いたんだ。それからとても誇りに思った。でも、今となっては、アジア初といっても、それは単に同性婚が通ったに過ぎないと感じるようになった。そう。その他のことではそうでもないからね。

――例えば？

K：例えば、自分も知らなかったけど、同性婚が通過した時、姦通罪はまだ廃止されていなかった。でもその時、後になって姦通罪(1)はアジアの国の中で既にほんのわずかの国しかないものだったんだって初めて知った。

――台湾が先進的って言うと、どこか後進的だという比較ができると思うのだけど。

K：多分、アジアその他の全ての国家。そう。例えば、たとえば東南アジア諸国。基本的に、その、かれらは自分達よりも遅れていると、自分達は思っている。じゃあ、その他の経済的に自分達と大差ないかもしれない国、つまり日本とか韓国とか。この場合は、自分達がアジア初になって、「ああ、私たちはあなたたちに勝ったんだ」という感覚を持つはずだと思う。

——中国はどう?

K:中国をどう見るかって? 中国は自分達にとって、経済的にますます進歩し、でも社会的にずっと保守的であり続けているところ。しかも自分達は、中国を「人権迫害に満ちた場所である」と想像するのが大好き。そう。だから自分は、中国は他の、例えば東南アジア諸国とはちょっと違うところみたいだと思う。「中国は邪悪な場所だ」と感じているんだ。だからアジア初という感覚は、まさに「自分達は中国とは違うんだ」ということ。つまり、自分達は、進歩的で、民主的な場所なんだ。中国は進歩的じゃない、民主的じゃない場所なんだって感じかな。

この様に、後進的な表象としてすぐに出てくる場所は「東南アジア」である。聞き取りの中で、すぐに「中国」と答える人は、意外にも実は少数であった。「台湾が先進的と言う時、どこと比べてそう思うのか」という質問は、全員に必ずしていた同一の質問であるが、筆者が聞くまで、どれだけ待っても、中国の名が出てこないこともしばしばあった。だからといって、中国と即答した人がいなかったわけではなく、少数ながら回答した人がいた。この結果は、台湾ホモナショナリズムを語る上で、中国と台湾の関係のみに重点を置くことへの反省に繋がると考えられる。これは一定程度想定していたことであったが、どれほどニュースや政治やSNS等の言論空間で中国を意識した先進的台湾像の発信があったとしても、それは中国との対比が生まれた瞬間に強烈に発生するものであって、必ずしも調査対象者が中国を参照とした台湾ホモナショナリズムを「常に」意識的に認識しているわけではないことがここから理解できる。中国と台湾の政治的対立構造に限定した問題設定が多い中、この結果は、台湾ホモナショナリズムを東南アジアとの関係から語る上で、大変有意義な成果だったと筆者は位置付ける。

なお、日本や韓国について、この様に「勝った感じがする」とまで明確に述べたのはKさんぐらいであり、多くは「他のアジア諸国」とか「東南アジア」と答えることが多い。これは、筆者が日本から来た調査者であるために遠慮して言及しなかった可能性があり、筆者のバックグラウンドの影響を、本研究の限界としてここに述べておく。しかし、こちらから「日本や韓国と比べたらどうか」と聞けば（日本に関しては、ポルノの例を挙げて性的に開放的な国だと回答する人も少なくないが）、日本や韓国を、あくまでも性的少数者の権利という領域においては、後進的な保守的な場所だと述べる者が多い。特に韓国については、明確に否定的な形で「家父長制」や「保守的宗教」や「LGBTパレードが中止させられた事件」などを挙げて後進的表象をする。この点は、第5章3節にて詳細を述べる。

そして、中国を参照軸とした場合は、少数の例外（例えば第4章5節のマレーシア華人など）を除き、多くの聞き取りがKさんの様な、中国を人権侵害に満ちた国と捉える回答となった。そこには「中国とは異なる、進歩的で民主的なわれわれ台湾」が立ち現れ、西洋を念頭とした「国際的視線を意識した中台区別」として機能する「生存手段」の側面を持っている事が分かった。

3-2　国際的先進性表象と中台区別としての「生存戦略」的機能

――これは台湾のナショナルアイデンティティを手助けするものだと思う？

K：台湾人が自信を持てるようになると思うよ！　台湾人は、アジア初になることに、とても焦ったり、執着したりしていると思う。例えば新型コロナウイルス肺炎を例にとると分かると思う。つまり「自分達は全世界で最も安全な国家になったから凄いんだぞ」と感じるようなもの。そう。「自分達は世界の舞台に立ちたいんだ」って強く望んでいるんだ。だから、皆にポジティブな感情を与えることができるこの「アジア初」は、皆が誇りに思うべき事だと感じるんだ。

――それによって、否定的な影響はあったと思う？

K：まず、みんな婚姻を更に信じるようになったに違いないと思う。かえって婚姻の欠点、つまり、同性婚にも欠点があることを信じるようになったに違いない。つまり、台湾がアジア初になったから、皆の同性婚支持は強化されたということなんだ。それから、自分はまだハッキリとは分からないけど、でも少なくともアジア初という事については、「実は欧米人に見せてやる」ということなんだ。

――それは、国際的に承認を得るため？

K：そう。欧米の国家は、同性婚を合法化したという事は非常に強い進歩性を表していると考えているから。あるいは、ある面で言えば、同性婚は同志問題を解決する終着点であるかもしれない、というような感じ。だからアジア初というのは、欧米に向かってアジア初だと言っていることなんだ。そう。だからそうなるとかえって、台湾はその後、同志の話題において、きっとみんなますます欧米化したいと考えるはずだと予想できるんだ。

――それも良い事だと思う？

K：複雑な感じ。必ずしもそうじゃない。ますます欧米化することは、必ずしもよいとは限らないってところかな。

この様に、西洋社会の人々へ「見せてやる」という感覚を持っていることが、多くの聞き取りから分かった。それは、ただ一方的に「見られている」という受動的な認識枠組みではなく、劣等的な眼差しを浴びせてきた西洋社会に対して「我々だって西洋と同じように先進的なのだ」と見返す、主体的な、西洋モデルを前提とした先進性表象のアピール、および「アジア＝後進的言説」への抵抗である。この様な話は、海外滞在経験のある者からも聞けた。

O：自分は、同性婚が合法化された時、オランダに居たんだけど、もう飛び跳ねて皆に伝えたんだ！　教室のドアを開けて、色んな国からきていたクラスメイト達、オランダ人、アメリカ人、ヨーロッパ人、中国人、東南アジア人、皆に「見て！　台湾が同性婚を合法化したんだ！」って。そしたら皆がすごく「おめでとう！」って喜んでくれて、すごく嬉しかった。誇らしかった。

この聞き取りの際にしばしば現れるのは、「外国人に『台湾と中国の違い』を聞かれた時は確実に役に立つ」という言説である。この言説が発露される背景には、「中国には同性婚合法化なんて絶対できないから」といった語りから分かるように、中国には同性婚を合法化する能力や未来が確実に無いという認識が前提にある。この言説がもたらす問題は、中国における蓄積された性的少数者の運動や試み、そしてその身体や行動への想像の扉が閉じてしまい、不可視的化されてしまう事、そして連帯可能性の断絶であろう。ただし、決して一枚岩ではない性的少数者コミュニティにも、中国と台湾の緊張関係が実際に存在する中、この問題の責任を台湾側に一方的に押し付ける事は安易と言えるだろう。なぜなら、この様な「区別に役立つ」という言葉から分かるように、中国による統一に抵抗を示す人々にとって、西洋を念頭に「国際的視線を意識した中台区別」として機能するこの言説は、台湾が台湾としてあれる「生存手段」の側面と切り離すことのできないものだからである。そしてそれは、中国と台湾における強い緊張関係と、台湾の国際的な立場の弱さの裏返しとも言えるだろう。

B：「アジア初」というワードですか？ 皆は結構喜んでいるけれども、台湾人のコンプレックスとも言えるかな。台湾は世界中の人達に認められたいから。「世界一」とか「アジア一」とかになりたくてしょうがない、みたいな。もう、これ、コンプレックスから来たものかなって（笑）。私、アメリカのニュースで「Taiwan is the first country」って書かれたのを見て、「Country」って文字がすごく気になって、スクリーンショット撮った（笑）。「間違ってるなあ」と思って（笑）。「国って呼んでくれた～！ 嬉しい～！」って（笑）。なんか「アジア一」に対して、嬉しい事だけど、台湾人の反応を見ると「コンプレックスだなぁ」と思っちゃう。私の友達は日本のハフィントンポストで働いてるんですよ。「うちのメディアは国って呼んでるよ」って見せてくれた。「よし！」ってなった（笑）。ふふふ（笑）。でも……なんだろう。「初めて」ということは大事だけれども、私は「パイオニア」という文字の方が好きなんですよ。私は別に「一位」とか「二位」とか別に気にしないんだけど、まあ台湾はこの「パイオニアの道を通っているから、みんな（引用者注：他のアジアの国）早く来てね」みたいな感じがいいかなって思って。

B：だって、（引用者注：台湾人と違って）日本人は「日本人である事」を主張しなくてもいいでしょ？（笑）。

この様に、「他のアジア諸国が追従する様な台湾」として、アジア限定の性的例外主義が、「台湾の生存手段」として機能している事が分かる。国家が自明なものとして既に存在している社会において、自国を優位に位置付けるナショナリズムはしばしば批判されることもあるだろう。ただし、Bさんが語っている様に、「国家の消失を危惧しなくても良い日本人」と違って、台湾人を主張しなくてはいけない状況、つまり異なる文脈にある台湾の状況を無視し、脱文脈的に台湾ナショナリズム批判を行う事には、慎重にならねばならない。要するに、欧米の文脈に依存したホモナショナリズム批判の前提には、自明として存在する国家が想定されているのではないかと考える。台湾の事例を、ホモナショナリズムという枠組みで分析する際には、構造的弱者批判の罠に陥っていないか、注意する必要があるのではないだろうか。更にいうと、この問題でしばしば陥る二者択一の罠、つまり、「台湾ホモナショナリズムを批判しながら、その生存機能を一定程度評価する事」を不可能と考えることは、物事の多面的側面を欠く事に繋がるのではないだろうか。
また、その台湾が置かれている複雑な状況を裏付けるのが、「他のアジアの国も早くきてね」に中国は含まれないという点である。台湾の同性婚推進運動では､台湾は自らを「アジアの灯台」と称し、他のアジア諸国の希望の道を照らす存在として、手助け、および解放をする事を目的とした言葉が浸透している。しかし、そこで中国の同性婚合法化を進んで支持するかというと、（後述のマレーシア華人であるEさんを除けば）そうとも限らない。

K：いや、中国は絶対同性婚は無理でしょう。かれらにとって、台湾の成功は、希望にならないと思う。いや、絶対不可能でしょ。絶対。だって……ねぇ……？　だって、どうやって？（笑）　華人が成功した、っていう意味合いはあるのかもしれないけど……。うーん、それも肯定的でもないかな。華人にも色んな所の華人がいるからね。現在アジアの華人は、例えば、台湾、中国、シンガポールにいる。マレーシアにも華人がいるけど、かれらの国家は華人が主だというわけではない。インドネシアにもいる。けどこれらの国は、状況がとても異なる。もし華人の共通点があるとしたら、せいぜい例えば、みな強固な家庭文化みたいなものがあるだけ。だから、台湾の同性婚成立は良い影響を与え得るかもしれない。つまり、なぜ自分達の家族文化が、自ら進んで同性婚を受け入れられるところまで転換したのか、ということを目の当たりにできることかな。まぁ、台湾の同性婚を中国人に喜ばれても……難しいなぁ。かれらは喜んでるんだもんね……。ただ、自分はその事に冷たい感じというか……。

――台湾は、他のアジア諸国が同性婚を通せる様に手助けするって言ってるけど、中国に対してはどう？

K：手助けしない。なぜなら自分は自分達と中国との関係は、やっぱり対立的だと思うから。だから自分達はかれらを助けないだろう。そう。

――国によって対応が違うと？

K：そう。自分達は、とっても欧米諸国に友好的なんだ。隣国に対してなら、多分、例えば台日友好をすごく強調するかもしれない。そう。だから自分達が影響を与える相手は、こういう国が念頭にあるだと思うんだ。当然、自分達はかれらともっと近しくなりたいと思う。でも中国が相手なら、自分はそうならない。自分達のやり方は、中国を手助けするのではなく、「かれらがどれだけ酷いか」と、ずっと批判し続けるということに恐らくなると思う。うん。

――この状況は問題有りだと思う？

K：中国に対してどういう姿勢でいたら良いか、自分は本当にわからない。なぜなら、まず、自分達にはかれら中国に影響を与えることはできないと感じるから。確かに、自分はある面から言えば、かれら中国の影響を受けたくないのだとは思う。だから、自分達は「中国の人権問題がきっと酷いに違いない」というタイプの人権問題を語るのが好きなんだ。誰が収容所に監禁されているとか、誰が逮捕されたとか、そういう類いの話。でも同性婚はもっと高次元のことなので、中国ではきっと誰も議論さえしていないはずで、基本的には皆、「そんなこと不可能だよね」って感じているし、口に出してそう言うんじゃないかな。うん。むしろ中国は、「台湾が同性婚を合法化したことで、中国と差別化してる点」を恐れているんじゃやないのかな。

V：まぁ、中国は助けないだろうね。それが中国と台湾を分けるものだし。大丈夫！ 20年以上は中国は同性婚を通せないと思うから、心配する必要はない。

E：難しいだろうけど、人権の問題として、もちろん中国を応援するよ。

興味深いのは、マレーシア華人であるEさんが、台湾の生存戦略的な部分を特に意識しておらず、シンプルに中国での権利向上を願うが、一方台湾人からは、政治的な背景や複雑な感情が明るみにでる点だ。この様に、中国による同性婚合法化を不可能とみなし、それによって台湾との差異が保てる事は、（台湾が人権のために声をあげ、「アジアの灯台」と謳う事と矛盾を孕みながら）「台湾の生存戦略」における強い武器として機能しており、それを自ら崩すには抵抗感がある事がインタビューから分かった。

3－3　ホモフォビックな保守的価値観との闘い

K：そう。確かに台湾は民主的な国家であると思う。だけど、同性婚一つを挙げて、民主的な国だって解釈するのは違うとおもう。だって、実際には、同性婚を成立させるまでのプロセスで、台湾民主の問題が沢山暴露されたんだから。

——例えば？

K：公投（引用者注：国民投票に相当）とかだよ！　あの結果は本当に悲惨だったよ。

2018年11月に、台湾における様々なイシューに関した国民投票が行われた。例えば、火力発電の発電量引き下げ、福島をはじめとする東日本大震災の放射能汚染地域からの食品輸入禁止続行について、台湾の名前で2020東京オリンピックなどの国際競技大会に出場するか、など

10項目の投票である。その中に、性別に関わる投票が5項目あった。2項目が性的少数者の権利を求める団体から提案されたもので、3項目が反同性愛的な保守派団体から提案されたものだ。

一つ目は、性的少数者の団体から提案されたもので、「性別平等教育法」が、義務教育の各段階でジェンダーの平等に関する教育を実施するよう明記し、且つその内容が感情教育、性教育、LGBT教育などに関する課程を盛り込むべきだとすることに、同意するか否かである。結果は、賛成が約350万票、反対が約680万票で反対派が上回った。有権者の四分の一を超える事はなく、不採択（中央選挙委員会 2018）。

二つ目は、反同性愛の保守派から提案されたもので、一つ目の提案に反対する形のものである。「義務教育の段階（中学および小学校）」で、教育部および各レベルの学校が児童・生徒に対して「性別平等教育法」施行細則が定めるLGBT教育を実施すべきではないことに、同意するか否かである。結果は、賛成が約708万、反対が約341万集まった。有権者の四分の一を超え、採択（中央選挙委員会 2018）。

三つ目は、性的少数者の権利を訴える団体から提案されたもので、民法の婚姻章が同性カップルによる婚姻関係を保障することに、同意するか否かである。結果は、賛成が約338万票、反対が約694万票だった。有権者の四分の一を超える事はなく、不採択（中央選挙委員会 2018）。

四つ目は、それに反対する形で、反同性愛の保守派団体から提案されたもので、民法が規定する婚姻要件が一男一女の結合に限定されるべきであることに、同意するか否かだ。賛成が約765万票、反対が約290万票集まった。有権者の四分の一を超え、採択（中央選挙委員会 2018）。

そして最後に、ここからが厄介なのであるが、五つ目はさらに反同性愛の保守派団体から提案されたもので、民法の婚姻に関する規定以外の方法で、同性カップルが永続的共同生活を営む権利を保障することに、同意するか否かである。結果は、賛成が約６４０万票、反対が４０７万票集まった。有権者の四分の一を超え、採択（中央選挙委員会 2018）。

要約すると、以下の通りである。まず教育の領域においては、「小学生に教えるのはまだ早い」「肛門性交を教わるのか」「ＬＧＢＴ教育など子供への悪影響」などといった声により、保守派の提案が賛成多数となった。次に同性間の法的保障についてだが、三項目も似た様な文言がある上に、違いが何であるかの周知が上手くいかず、混乱を招き、性的少数者の権利を訴える団体は苦戦したのである。特に五つ目の提案の何が厄介かというと、反同性愛の団体は、「同性カップルに、なにかしらの法的保障を与えることは、既に２０１７年の判決で決定している為、民法ではなく、今ある異性婚とは別の制度を与えることを狙おう」と考え、前述の様なややこしい文言で提案をしたのである。つまり、反対派の本音は同性婚の否定であり、限定的な法的保障を、異性愛の婚姻とは「別に」作ろうとしたのだ。そのため、一見、ＬＧＢＴフレンドリーな提案に賛成票が６４０万票も集まったように見えるのだが、実態は性的少数者に完全な権利を与えないようにする提案であったため、混乱が避けられなかったのである。この辺りの詳しい立法過程に関しては、法学の知見から詳細な分析を行った鈴木賢の『台湾同性婚法の誕生』（２０２２）を参照すると、更に理解が深まるだろう。

B：公投の後に何人か自殺したというニュースもあった。あれで結構苦しい思いをした人がいっぱいいる。あの時は結構落ち込んだ。彼女と一緒に結果を見ていて、彼女も結構泣いていたけど、私はそういう結果になると予想してたので。まあ「そうだよね」って。予想していたんだけども「やっぱりそうなったな〜」って落ち込んでた。「やっぱりこんなに反対票がいるんだ」って思った。逆に、若者達はそろそろ現実を見なくてはいけないかなって、良いチャンスになっていると思った。自分の仲良い人達同士でSNSを見ているだけで、「自分が多数派だ」と思っているのはもう間違いじゃないですか。台湾の構成を想像したら、そうなるのはもうわかっているので。

R：複雑だったよ。あの投票結果を見て、主流社会はあまり僕たちを認めてはくれなかった事が分かった。でも逆に、あれだけの賛成派がいたんだとも言える。もっと前に同じ投票をしていたら、きっとここまで支持はもらえなかっただろうから。でもやっぱり、反対していた団体の影響は大きかった。

この様に、多くの人が「こんなにも反対派がいたのか」とショックを受け、反同性婚勢力による強い抑圧に対し、やるせない気持ちを吐露した。この反対派というのは、必論宗教心の強い人々と同義ではないものの、キリスト教会を主な背景とするアンチ勢力の存在感が大きいと認識されており、アメリカや香港などの海外から資金大量流入（キリスト教福音派）や、同性愛嫌悪的なチラシやネット情報などを大規模宣伝していた背景などがあるとされている。しかしこれによって、キリスト教信者が「同性愛者の敵」としての安易な分かりやすいターゲットと化してしまい、実際に反対票を投じた大多数の非キリスト教の人々のスケープゴートとなってしまった。

B：「クリスチャンの団体の人達の力が強かった」と皆そう言ってるけど、違うと思う。だって台湾のクリスチャン人口は11％くらいしかいないんですよ？　皆、数字をちゃんと見て考えましょうよ。2300万人のうちの11％だったら230万弱しかない。そしたら宗教のせいにできないと思う。単純化。考え方が甘すぎるって所が見え見えだと思う。「宗教を理由にして攻撃」するのがわかりやすいから。「そういうグループの人」だと認識しやすいし、「宗教のせい」にしたら、他の事考えなくてもいいじゃない？「自分の親もそうだ」とか「伝統的な人もそうだ」とか。そういう所よりは「宗教のせい」にする方が「もう仕方ない」とか、自分の中で多分納得しやすいし、そんなに苦労しないだろうって。「そういう人達のせいだ」って言ったほうが、「迷惑な敵」ができる。さっきも話したように、比率から言うと230万人位しかいないのに、そこばかりフォーカスしてやっていたら、絶対何も変わらない。だから有効的ではないと思う。

この数字を少ないと取るかは別としても（2013年の統計では、キリスト教徒は約60万人とされており（中華民国内政部 2023）、実際にはBさんが述べるほど人数は多くないと推察される）、この様に、キリスト教は分かりやすい敵として表象された事で、より生存が困難となったのは、不可視化されているキリスト教徒の同志達である。性的少数者の集まる教会などもいくつか存在はするものの、幼少期から通っている教会やクリスチャンの家族やコミュニティから同性愛嫌悪を浴びせられ、同志コミュニティからはキリスト教への敵対心を向けられ、板挟みになるという葛藤を述べたクリスチャンの同志にも、参与観察で出会った。原住民であるHさんは、自分の育った原住民コミュニティが住む町に私を招待し、クリスチャンの原住民が集まる教会を指して、「この教会は、同性婚に反対する張り紙とかをだしていたんだ……」と、私に教えてくれた。漢民族中心の社会で原住民のアイデンティティを保つことと、その原住民のコミュニティに内在する同性愛嫌悪との距離の取り方に、彼女は葛藤を抱えているようだった。

一方、ここで注目したいのは、これらの同性愛嫌悪的な保守派の団体も、別のベクトルから、一種の台湾ナショナリズムを掲げているという点である。チェンの研究によれば、同性婚反対派の保守団体は、同性婚を合法化させる事が「国家の基礎の破壊」に繋がると信じ、「他アジア諸国へのグローバルな性解放に貢献する事」を、「国家の誇り」ではなく「国家の災害」と捉えた、とされている（Chen 2019：105）。つまり、かれらにとっては、「同性婚に反対する事」は、皮肉にも同性婚推進派と同様に、「国家やアジアのための闘い」となっていたのだ（Chen 2019：105）。

この分断は、台湾において同性婚が、単に性にまつわる境界の変化に留まらず、いかにナショナルプライドやナショナルサバイバルの問題へと発展したのか、または、そうならざるを得なかったのかという状況を表面化させた。つまり、同性婚の合法化は、推進派にとっては「アジアのリーダーとして国家を豊かにするもの」として、同性愛嫌悪的な反対派にとっては「台湾を崩壊させ、他のアジア諸国を沈めるもの」として受容されるという、それぞれが思い描く国家のための闘争が反映され、世界やアジアにおける国家形成と切り離す事のできない形で、運動が進んだ事が分かる（Chen 2019：105）。

米国での同性婚合法化運動でもナショナリズム的闘争がなかったとは言えないが、必ずしもそれが最前面に出るというわけではなかった。一方台湾では、推進派も同性愛嫌悪的な反対派も、台湾における非常に特有な政治状況が反映された形で、ナショナリズム的闘争と強く結びついた事がわかる。そして、それは、それまでに台湾が国家としての国際的認知を求めている事の裏返しともいえるだろう。

3-4　国家と性的少数者の「共犯関係」と葛藤

これまで、国家としての承認を求める性的少数者の姿を見てきたが、では、その国際的な注目を浴びる事に積極的な台湾政府の事を、性的少数者はどの様に解釈しているだろうか。そして、自らの立ち位置と国家との関係をどの様に認識しているのか、聞き取りから分析していく。まず、2000年代以降の台湾の政治家や政府が、一方で取締りや差別的な対応を行いつつも、名目上は人権概念を支持し、政党の差異を問わず「LGBTフレンドリー」な態度を表明してきたという先述の先行研究（福永 2017b，何春蕤 2013）から、インタビュー対象者には、「国家や政府はLGBTを利用していると思いますか」という問いに答えてもらった。結果としては多くが「政府はLGBTを利用している」と答えたのだが、興味深いのは、その利用に対して、積極的な「利用のさせ方」を語った者がいた点である。まずは、LGBTに限らず、多様性のために自分（たち）が国家や政府に「利用された」と捉えた人達の声を見てみよう。

K：みんな、政府に対しての批判力が落ちたと思う。おかしいよみんな。気持ちは分かるけど、蔡英文と民進党がやる事全てが良いわけではない。民進党にも問題は沢山あるのに。なのに今は、民進党の批判が言いにくくなっている。

H：原住民を土着のものとして、台湾ナショナリズムに位置付けているのが民進党。多様性を謳っているけど、実際には、原住民の土地に核廃棄物を置いているし、土地は奪われたままだし、原住民の言語は教育上、奪われている。自分の名前だって、漢字を使用させられるし。様々な差別が存在する。漢民族中心な国家形成には反対。

G：自分みたいな、ダイアスポラ、新移民は、結局いつも取りこぼされる。外省人と言われたり、中国人と言われたり、香港人と言われたり、日本人と言われたり、自分はどのカテゴリーにも当てはまらないんだ。

B：私は、民進党はLGBTを利用しているとすごく感じるよ！　今まで民進党を支援してきた人達は、実はLGBTの事をあまり考えてないと思う。今回、まぁ、蔡英文本人の立場は別として、個人的な推測なので正しいか分からないけど、例えば、経済的な話は難しい。最近は台湾経済が停滞しているから「どう経済発展させていくか」、どこの政治家も言えない話題になってる。だから、そっちの「経済の話」じゃなくて、こっちの「価値観」とか「アイデンティティ」の話を取ったんだと思う。LGBTの話は「国際的なウケ」がいいから、それによってちゃんと「実績」も残せるし、「国際的にも認めてもらえる」。民進党はそういう戦略を取ったと思う。だってもうすぐ選挙じゃないですか。民進党とか蔡英文の実績が何かって言われたら、正直、当時は何もなかったので、じゃあ最後にLGBTの事にしようという感じはすごく感じたんです。選挙のタイミングとかも考えて、やっている気がするんですよね。だってパーンってここで出して、記憶に残るじゃない？

なお補足すると、蔡英文の選挙戦略としては、Bさんのいう「国際ウケ」というよりも、2014年のひまわり学生運動を経て、政治に影響力を高めている「若者の支持を固めるため」、という側面が強かった（特に頼が予備選出馬を言い始めてから、蔡はとにかく若者支持を集めるために、サプライズ登場など、様々なアピールを若者に行った。同性婚はその内の一つといえる）。国際的に支持されても再選はできない。しかし、国際的に支持されることで、若者の自尊心をくすぐり、そのことで支持を集めようとした、と解釈できるだろう。党内が分裂し、野党から突っ込まれる政策課題（同性婚）を、多少妥協したとはいえ、正面突破したわけであり、批判されるというよりも、賞賛されてしかるべき戦略という捉え方も存在する。

ただし、これらのインタビューから分かった事は、「国と性的少数者とが利用しあっているのは否めない」、「政府に対して確実に性的少数者の批判力が落ちている」という声が内部で上がっているものの、それらは性的少数者の権利向上という目の前の目的のために大きな声では言えず、公的な言論空間において発言を自制しているという状況がある事だ。KさんやBさんのいう様に、「政府（民進党）への盲目的な追従」が主流派リベラル層に見られる状況は確かに存在する。さらに、その少数者の権利向上の為に犠牲になる別の少数者の存在も表出しており、性的少数者が国家と「共犯関係」を築き、承認の要求を訴える事で、特定の性／生が周辺化されるという構造は、クィア左派の観点から、確かに批判されるポイントであろう。

Kさんは、環境問題、労働問題、移民問題、原住民問題など、問題は沢山あると続け、「多様性の象徴」のしわ寄せを食らっている人々へ想像を向ける。そして、そのしわ寄せを食らったのが、原住民でもあるHさんや、新移民、ダイアスポラなどの、複数のアイデンティティカテゴリーと自己との関係とを長期にわたり葛藤してきたGさん（巻末の資料参照）などである。

なお、原住民Hさんの言及した「土地は奪われたまま」とは、現在まで続く社会問題であり、代表的な運動としては1988年～1993年の「還我土地運動（わたしたちの土地を返せ運動）」が挙げられる。これは原住民コミュニティによって展開された主要な抗議活動の一つであり、1980年代以降に台湾社会の再編が急激に進むなか、1988年、1989年、1993年と三回のデモと集会が行われ、自分たちの土地の喪失と縮小、正義、紛争に対して声を上げた（國立臺灣歴史博物館 2013)。Hさんの言及した「核廃棄物」とは、住民の多数が原住民のタオ族で占められている蘭嶼(人口約5000人の南部の離島)に、台湾電力の放射性廃棄物を貯蔵しており、(当時1982年に完工された施設だが、その計画は機密事項とされ、島民は缶詰工場が建設されると聞かされていた)住民による抗議活動、および原住民の権利をめぐる闘争が続いている(毎日新聞 2017)ことを指している。「自分の名前」という言及についても、「正名運動(名を正しく改める運動)」(汪明輝 2006：21)という、原住民の権利回復運動の核となる理念の一つでもある、(他者から名指された名称ではなく)原住民自らによる決定、民族主体意識構築、正当な地位の確立を追及した運動を指しながら話していた。

また、Gさんは、その複合的なバックグラウンドから、どこにも属せて、どこにも属せず、純潔を尊ぶネーションやカテゴリーを壊す「危険な」存在として、他者の「単純化の欲望」によって、常に、人種的かつ性的な差別を受けてきたという。そんなGさんにとっては、Bさんのいう様な「国際的なウケ」を狙った性的少数者と国家の共犯関係は、表面的な多様性を生み、(内部に存在する複数の差異に着目する様な)、矛盾に耐える能力を失うことだと捉えている。

「皆は私のことを完全に台湾人だって思ってるけど、実は私のお母さんはベトナム人なの。でも、周りの友達には隠してるから…。中高でも、教室にいた子たちが、私みたいなルーツの子供や東南アジア出身の女性のことをバカにしてたの。売春婦だなんだとか。お父さんだって、お母さんの中国語のアクセントを笑うし。」――(20代女性)

これは、参与観察中に出会ったとある女性の語りで、複数のルーツを持つ筆者だからこそ、開示してくれた出来事である。ここで、台湾における東南アジア出身（女性）移民とその子供に対する差別について、少し言及したい。メディアが「外国人嫁の子供たちの発達の遅れ」を攻撃する報道を繰り返す中、一九九七年のアジア緊急危機以降、中国市場の圧力にさらされた台湾は「優良人材」を通じた国際競争力の強化が求められた（夏暁鵑 2018：345-352）東南アジア諸国の国際的な経済地位の上昇とともに、ＡＳＥＡＮにおける台湾のプレゼンスを維持するため、民進党の陳水扁政権は突如として積極的な政策介入を行い、東南アジアからの外国籍配偶者のもつ言語・文化の重視、つまり、「いい商売」となった東南アジアの言語・文化に関する活動に着目し始めたのだ（夏暁鵬 2018：345-352）。民進党の蔡英文総統が発表した「新南向政策」に関して、以下を紹介したい。

もともと「低クオリティ」と扱われた「外国人嫁」と「新・台湾の子」は東南アジアでの言語的アドバンテージを有した「新住民」と「新二代」となった。「負担」とみなされていた東南アジアの言語・文化が今や「資産」となったのだ。二〇〇二年に教育部が「質」を懸念した小学生たちは、二〇一六年の二〇歳の成人に際して突如「南向の芽」とみなされるようになったのだから、あまりなことではある。彼らが幼いころ母親の言語・文化は「子供に害をあたえる」とされ、奨励されるどころか、学習を禁じられさえしていた。今になって成人となった彼らへ、直ちに台湾と東南アジア市場の間を結びつける「ツボ」となってくれることを期待するとはどういうことであろう。インドネシア出身の新移民がこう感じているのもこれだけ極端ならば納得である。「批判されていた時は縮こまっていたけど、大事にされると何だかうそくさい。まったくね」。東南アジア出身の結婚移民とその子供たちが「社会問題」から「社会的資産」に変わっていったことの背景には、資本主義のグローバル化にともなう各国の世界システムの中での立ち位置の変化がある。それらの地政学（geopolitics）的な変化の文脈のもとにあって私たちは多元性・平等性に彩られた文化活動のベールの下に隠れたものを見いだしうるであろう。（夏曉鵑 2018：352）

このように、原住民、東南アジアのルーツを持つ人、複合的なアイデンティティを持つ人、性的少数者など、国家から「劣った他者」としてまなざされていた経験を持つ者にとって、突如「あなたは国にとって『希望』の象徴だ」と言われ、かれらの掲げる「多様性」に組み込まれていく際に、「手のひら返しだ」と呆れる感情があるのは、無理もない話だろう。

しかし、台湾が対外イメージ向上の為だけに婚姻の権利を「間に合わせに作り上げた」わけではないし、受動的に当事者が利用されただけであると捉えるのは、主体性を軽視した理解と言えるだろう。当事者団体の積み上げて来た運動の歴史や、政府が実際に一定程度の権利を保障した事実に着目する人々もいる。

Q：かれらがLGBTを利用したかって？　そりゃしたでしょう。でも、結果は残したのだから。

V：実際、同志は政府とお互い利用しあってるよ。蔡英文は、選挙で勝つために、同志の婚姻を支持するって言ってるんだって、あの時はみんな思ったよ。同志を使えば、一定の支持を得られるんだって。でも、勿論同志は利用される事も受け入れているよ。それは相互的なものだからね。だってもちろん、政治っていうのはそういうものだから。自分達だって、民進党に頼らないといけないでしょう。民進党は確かに一部良く無い部分だってあるけど、民進党に頼らないと、同志の権益がなくなってしまうかもしれないんだから。まぁ、デメリットとしては、選挙の時に同志の話をしながらも、実際にはあまり関心が無いとかそういうことかな。かれらの一部には、選挙で話すことが支持を低くする事に繋がると考える人もいるし。

K：利用はされてると思う。でも、利用しているのは政府だけじゃなくて、支持する人々とか民衆も。国外に向けて高らかに言うし。「アジア第一」とかすごい好きだよね。トランスジェンダーパレードもこの前アジア初（2019年）だったし。逆に言えば、今まで、自分たちが後進的だと思ってたからってことでもある。いつも遅い遅いって言ってたけど、アメリカだって実際は遅かったわけだし。じゃあ台湾も早いって言えるよねって。ほら、やっぱりコンプレックスがあるから。台湾ナショナルアイデンティティは、ある意味、脆い所があると思う。常にあそこ（引用者注：中国）とは違うって言わないといけない。

この様な、冷ややかな態度と共にある「政府に利用させている」といった意識は、多くのインタビュイーから読み取れた。なお、Vさんが言及した「蔡英文の発言」とは、２０１５年10月30日に蔡英文が自身のフェイスブックページで「同性婚を支持する」姿勢を表明し、「蔡英文は同性婚を支持します」と題した約15秒の動画にて「愛の前にはだれもが平等であり、蔡英文は同性婚を支持します。すべての人が、自由に愛し、幸福を求められるように。」と述べ、これが総統選挙を２ヶ月後に控えた時期の公表であったことから、彼女の動画は台湾国内のメディアで大きくとりあげられた（福永 2016）件だ。

しかし、蔡英文による姿勢表明は、ＬＧＢＴ運動内部では必ずしも歓迎を受けたとは言いがたく、「多様性のある婚姻法案」草案を起草したＮＧＯ（台湾パートナー権利推進連盟）の許秀雯（執行長）も、「蔡英文は２０１２年にすでに多様性のある婚姻法案に署名をしており、（２０１５年の動画公表は）３年前の姿勢をあらためて繰り返したにすぎない」とする冷ややかな声明を発表しており、10月30日の動画公表による姿勢表明は総統選挙に向けたパフォーマンスでしかないと受けとめられていたのである（福永 2016）。

事実、蔡英文が動画を公表した10月30日とは、性的少数者によるアジア最大規模のパレードとして国内外から注目を集める台湾ＬＧＢＴパレードの開催日であり、彼女の動画はその狙いどおりに「ＬＧＢＴの権利を支持する総統候補」として英語圏のマスメディアで肯定的にとりあげられたのである（福永 2016）。この様な、すでに台湾では政治エリートによる「ＬＧＢＴフレンドリー」の姿勢表明が総統選挙に向けたパフォーマンスとして機能しているという事実（福永 2016）は、一つの転換と言えよう。しかし、政府にただ搾取的に「利用される」のではなく、意識的に「利用させる」、そして主体的に「政府を利用する」ことを積極的に語った人もいた。

N：利用されている感覚はあると思う。まさに今。だけどね、政治っていうのは、お互い利用するものだから、そんなに気にしてない。台湾の現状を見て民主的で進歩的な政策を選べば、国民の支持を得ると思うから、こういう政策を作る。政党はやっぱり国民の支持をもらうために、作った存在なのだから。

――国とLGBTはお互いに利用しあって、共犯関係にあると思う？

N：うーんと、そうだね。だから、LGBTの人とか、LGBTじゃなくても「進歩的な」国民にとって、民進党が宗教になった感じがして、今はちょっと怖い。「この政党を利用するメリットがなくなれば、支持しない」って政府にプレッシャーをかける必要もある。そうじゃないと、政府はどんな政策をやっても、国民は受け入れる前提になるから、怖い。今の政府は、本当に悪い政策をしているというわけではないし、悪くても人権侵害とは言えないので、まぁまだ良い方だと思うけど、今の感じはちょっと、宗教みたい。国民がすべき態度ではないと思う。

――同志やクィアは国と結託していると思う？

N：（引用者注：同志と違って）クィアが結託してるかは分からない（笑）。だって、国の目にクィアの人達は映ってないから、そもそも協力とかできないと思う。トランスジェンダーは、政府に対して、そんなに悪いとは思ってないと思う。自分はただの平和な生活ができれば良いと思ってるかな。トランスジェンダーは他の社会議題にも関心があるって思ってるし。国の一番有名なトランスジェンダーのオードリータンがいるし。オードリータンは、国と協力しているじゃん？ 自分も、トランスジェンダーとして、国や政府と何に協力できるか、考えているよ。政府は、悪い存在でも良い存在でもなくて、どの方面になるかというのは、私たちが決められること。だから、利用できる時は利用するべき、そう思ってる。

この様に、台湾の同志達、および非規範的とされる性／生を生きる人々は、ただただ搾取される様な受動的身体としてのみ解釈されるべきではなく、むしろ、国際的な承認を求める社会や政府との交渉を重ね、現在あるリソースを鑑みた上で、主体的に共犯関係／協力関係を結んでいることが分かった。

3-5　小括

本章では、台湾がアジアで初めて同性婚合法化を成し遂げた事に対する「ナショナルプライド」や「普通と認められた肯定的感情」、そして「ナショナリズムへの葛藤やコンプレックス」、さらに「婚姻制度解体の想像」などの反婚視座的な懐疑的視線という、アンビバレンスな感情について、インタビュー調査を通して読み解いた。そこには、「中国とは異なる、進歩的で民主的なわれわれ台湾」や「アジア限定の性的例外主義」、そして、米国を念頭とした西洋諸国から「国際的視線を意識した中台区別」として機能する「生存手段」の側面も持った台湾ホモナショナリズムが見える。そしてこれらの矛盾した複雑な感情はどれも、メディアで論じられる安易な「社会的少数派による勝利の物語」や「自国・自民族を盲目的に賛美するナショナリズム」のみに回収されない、葛藤を抱えた人々の姿、そしてリアリティであったと言えるだろう。

注

1　婚姻して配偶者のある人が、他の人と性行為をすることによる犯罪。

第４章　「われわれ台湾」vs.「かれら中国」で見えなくなること

本章では、狡猾さ、脅威、気の毒さとして語られる「かれら中国」と、アジアにおける性的例外主義と同時に機能する生存戦略的側面を有した「われわれ台湾」の対比について論じる。まず、インタビュー調査から表出した「他者的中国身体」に言及しながら、同性婚とナショナリズムをめぐる、中国と台湾の緊張関係を分析する。その上で、リサーチクエスチョンを再確認し、その限界と両者の連帯可能性に着目する。更に、「中国への反感」において参照される対象は、中華人民共和国のみではなく、中華民国に対しても向けられる点について、「虹色の国旗」を通して分析を行う。

インタビューの中で現れる代表的な中国人性的少数者像は一体どんな姿だろうか。主に表象されるのは、「台湾を羨ましいと思うかれら」や「強固な中国ナショナリスト的なかれら」、「日々の監視や規制に怯え、逮捕リスクのある、表現の自由が奪われた空間内で生きる、かわいそうなかれら」などといった、狡猾さ、脅威、気の毒さの側面から他者化された身体である。まずは、これら複数の「他者的中国」表象と台湾における内部緊張関係について、具体的なインタビューと共に読み解いてみよう。

4−1 「中国台湾が同性婚合法化」から読み解くLGBT利用

本調査中の2019年5月17日、『人民日報』（中国共産党中央委員会の機関紙）の公式ツイッターアカウントが「中国台湾の地方議員がアジアで最初の同性婚を合法化した」と英語で投稿し、「Love is Love」と書かれたGIFを掲載した。さらに、『環球時報』（人民日報の系列の大衆紙）の英語版（Global Times）も、北京における同性愛コミュニティの社会生活に関してSNSで動画を投稿した。3分間のビデオには、地元の人権活動家や、中国の首都とその包容性を賞賛する外国人へのインタビュー、そして最後にドラァグクィーンのパフォーマンスが含まれている。

台湾の同性婚を合法化した直後に現れたこのニュースに対し、台湾の外交部（外務省に相当）は「間違っている！ この法案は我々の国会によって可決され、じきに総統によって承認される。民主主義的な台湾は国であり、独裁主義的な中国とは何も関係がない。人民日報は共産主義者（軽蔑的な呼称／Commie）の洗脳者であり、最低である（挑発的に／It sucks）。」と応答した（写真4−1参照）。

外交部 Ministry of Foreign Affairs, ROC (Taiwan)
@MOFA_Taiwan
WRONG! The bill was passed by our national parliament & will be signed by the president soon. Democratic #Taiwan is a country in itself & has nothing to do with authoritarian #China. @PDChina is a commie brainwasher & it sucks. JW
People's Daily, China @PDChina
Local lawmakers in #Taiwan, China, have legalized same-sex marriage in a first for Asia, according to local media reports.
Love is Love.
10.9K 9:06 AM - May 19, 2019
写真4−1　『フォーカス台湾』2019

また、これらの中国の類似投稿に対して喜びの声をあげている中国人に対し、インタビュー対象者の多くも、「同性婚を通したのは中国ではなくて台湾」「肯定的に捉えているのは喜ばしいけど、いいとこ取りは許せない」「中国も国際社会に対して『人権を守っている』と発信をして利用したいのでは」「ネット上で多くの中国人が自分事の様に喜ぶのを見て違和感を持った」という強い反感が見られた。ここから分かる事は「同性婚をめぐる言論空間が、一部、（西洋を念頭に）国際的視線を意識した、ナショナルな政治闘争の場所と化したこと」である。

前提として、台湾の呼称や表記、その見せ方や位置付けには、常に複雑な政治的背景が付きまとう。例えば、台湾を中国の一部とみなす「Taiwan, China（中国台湾）」、中華人民共和国が名目上設定している「中国台湾省」、中華民国を表した「ROC（Republic of China）」、中華民国と台湾を繋げた「Taiwan-ROC」、オリンピックやその他国際競技大会・国際的民間組織などで使用される「Chinese Taipei（チャイニーズタイペイ／中華台北）」、「一つの中国」をより想起させる「Taipei, China（タイペイ・チャイイナ／中国台北）」、そして2019年に、台湾と中華民国のアイデンティティを一体として扱う概念として「社会全体の最大の共通認識だ」と演説で蔡英文総統が提唱した「中華民国台湾」など、それぞれに複雑な政治的・歴史的文脈が結びついた表現が他にも沢山ある。台湾呼称問題は、格好なナショナリズム発揚の場となりやすく、様々な国・企業に対する攻撃の材料として使われる事もあり、誰が誰に対して何のためにいつどんな呼称をする／しないかは、場合によっては両者を強力に刺激するセンシティブな事項である。

なお本書で紹介するケースは、（矮小化する気はないが）必ずしも台湾にいる性的少数者誰もが知っている大事件というわけでは決してなく、むしろ、よくある数多のありふれた台湾呼称問題の一例であると言えるだろう。ただ、そこで「たかが一つの小さな例」と一蹴せず、そんなナショナリズムの政治が日常化し、生活の一部となっている事、そしてそれが性政治と絡まった時にどのような言説・反応が生まれるのか、という点に注目して読み進めてほしい。

まず、台湾在住の中国人ゲイ男性であるDさん(1)は、この「中国台湾の同性婚合法化」という投稿について、中国の視点からこう語る。

D：台湾との競争？ 勿論だよ～！ この要因はある。だって逆に、こういう報道、中国国内向けの人民日報で見た事ない。この報道は境外（引用者注：国外とは異なる概念で、主に中華人民共和国が直接統治している領域外を指し、一国二制度下の香港とマカオも含む）向けのでしょ。大陸と台湾は、互いにうぬぼれとコンプレックスが絡み合っている。もし台湾がLGBT問題を扱えば、中国も反応しなくてはいけないと思う。……でもそれによって、中国の性的少数者が利益を得られるとは限らない。これは一種の外交の宣伝レトリックであって、政策レベルで同性婚を実際に推進して実施しているわけではない。

性的少数者に関する中国での報道に関心を寄せてきたDさんは、英語での発信という点も含め、この報道をすぐさま対外的な外交上の政治的要素が絡んだ報道だと捉え、中国が同性婚を前向きに捉えて実際に推進する兆しとは全く考えていないと語った。Dさんによると、むしろこれは、国際社会において台湾がポジティブに注目される事への外交的な押さえ付けであり、「競争」でもあるという。
しかし中国人であるDさん及びマレーシア華人であるEさん・Fさんは、他の多くの台湾人が瞬時に怒りや反発感を発した「中国台湾」という表記には全く気が付かず、中国の報道が性的少数者について取り扱った事のみに注目して語るという、非対称性が明確に現れた。
そこで、私がインタビューした他の台湾人の多くが、「中国内の性的少数者の権利に関する現状を棚に上げつつ、自由と寛容を表したメッセージを発信する中国の報道に対して異を唱え、あたかも『中国が同性婚を合法化した』かのような表記についても強い違和感を持っていた事」を伝えた。すると、マレーシア華人のEさんは気づかなかった事に対して軽く悔しそうなそぶりを見せ「やはり自分は台湾人じゃないみたいだね」と語り、中国人のDさんはそのように「過剰反応する台湾人」に違和感を呈した。

E：ああ、そうか。ここは気づくべき所だったね、台湾人なら。

D：この報道は、「台湾がアジアで最初だ」と言ってる。「中国台湾」と表記しているけど、これはただ単にポリティカルコレクトネスのせいであって、大陸のメディアでは「中国」という言葉を「台湾」の前に一語追加する必要があるだけ。中国が最初の同性婚合法化国というわけではない。だから実際は台湾のこと。これは大陸メディアの使用法なだけ。本当は、心の底では、私達は台湾を自国（＝中国）とはみなしてない。台湾について話す時、私達は「中国台湾」と呼称するけど、それはポリティカルコレクトネスにもとづいて出たものなんだ。

このように「中国台湾」という語句への認識のズレはかなり明確に浮き上がり、この言葉に対し「中国という言葉を外せ」と必ず抗議することが「台湾人らしさ」として表面化する。また、この様な「台湾というナショナルなもの」を否定された感覚や、「都合の良い時にだけ、つまみ食いをして台湾やLGBTを利用する中国」に対して強い反感を持つ、という台湾人の反応は、これまでの政治的・歴史的な経緯を見れば、無理もない話である。しかし同時に、これらの反応からは、「台湾理解」における中国人の立場のグラデーションを無視し、ひとまとめに「中国ナショナリストだ」とラベルを貼って抵抗している事も分かる。しかし、繰り返しになるが、その背景には、構造的弱者として、台湾の主体性や存在自体を幾度となく否定され続けた経験や、それに立ち向かうナショナルなプライド、政治的・経済的・歴史的要因などがある。更に言えば、抵抗しなくてはならない、または、そうさせている、刺激してきているのはむしろ中国側である、という認識が、台湾ナショナリズムを（無意識的な人も含め）有する人々には存在するのだ。よって、このような台湾の反応を「過剰反応だ」と一方的に解釈するのは、台湾の文脈を軽視した解釈といえるだろう。では次に、台湾人のNさん、Kさん、Bさんの反応を見ていく。

N：これは、台湾の政府がすべきこと。以上。（ため息）この議論は疲れる。中国は、台湾が何を言ってもいつも「台湾は中国の一部」と言う。で、中国が何かそういう事を言ったら、台湾の政府や人民は毎回「違う！」って言わなきゃならない。中国の微博（ウェイボー／中国のSNS）で「First in Asia」って投稿を載せてたら、中国の人が皆議論してた。去年（2019年）同性婚を通した時、中国が「中国台湾」とか言ったとき、台湾人の多くが当時かなり怒ってた。でも今は、まぁ「笑わせてくれるな」って感じの人が増えてきた気がする。……自分はまだ緊張してるけど。香港はああいう状態になっちゃったじゃない？　いつ台湾もこういう風になるのか分からないから。逮捕されるかもしれないし、旅行すらできない。やばいくらい怖い。こういう投稿とか反応はずっと見てきたし、政府もずっとやってきた。「何があっても、政府は国民と団結して反抗する」って何度も言えば、皆が政府を好きになると思う。この外交部長はみんな好きだと思う。よくSNSやってるし、距離感が近い。

——民進党の中国に対する強い姿勢について、どう思う？

N：より激しく衝突を起こすのは、皆が思ってる気持ちの代弁。言ったら、多分もっと相手の気持ちを悪くするかもしれない。でも、言わないで反応しないと、「あぁ、何を言ってもいいんだ」って思われちゃうから。だから反抗しないと、絶対異議を唱えないといけないんだ。そういう深い信念がある。敵に対して「良い子」ばかり続けてると、プレッシャーをどんどんかけられてしまう。それは悪い政策。今はなるべく勇気を出して反抗する。問題なのは、これを良い政策だと思う人と、悪い政策だと思う人がいる時。その時は、黙ることを良しとする人に対して、自分は説得する。蔡英文が「台湾は絶対に中国からの抑圧に負けない」と言った。すぐに！　勇敢に、強く言ったあの言葉、テレビに出た時、すごくびっくりした。皆が「こんなに強く言っても良いのかな」って怖がった。その怖さは分かる。けど、その人たちを説得しないとって今は思う。自分も当時は怖かったよ、本当にこんなに言って良いのかなって。

K：基本的に、もしも外国メディアが自分達を国家だと言ってくれたら、それだけでとってもありがたいんだ。なぜなら、普段は自分達で台湾の事を「国家だ」と呼称するのをみんな避けるから。だって、中国がずっと自分達台湾を「国家ではない」と言い続けているから。「First "PLACE" in Asia（アジア初の「場所」）」って言っても、文法上は間違いないと思う。でも、もしもその人が例えば、他の国家でも同性婚が通ったときに「Country（国）」という表記を使うのに、台湾だけに「Place（場所）」を使って、「Country」を使わないとしたら、自分はそこに政治的なニュアンスがあると感じるね。

B：え、怒る反応があるのは、いつも通り。大体皆、そういう事を言われたら怒る。皆、よく元気だなって思っている。もうなんか私は慣れすぎて、もう反論すらめんどくさいなって思ってて。台湾人の皆は、やっぱり元気だし、ちゃんと色々自分の意見を言うので、偉いなと思ってます。

まず前提として、Kさんの言うように、中国による、台湾という「ナショナルなもの」を継続して否定する現状があり、台湾がリスクを抱えながらも、時に慎重に、時に声高らかに、状況やタイミングを見計らいながら、絶妙なバランス感覚で、自己を国家と呼称する中、その上で、（日本も例外ではない）外国メディアがどのように台湾を呼称するのか、または「しないのか」は、多くの台湾の人にとって重要な関心事項であると捉えられる。同性婚が合法化された2019年、「どの海外メディアが、台湾のことを国と呼んだか、場所と呼んだか、地域と呼んだか、中国の地方と呼んだか」がリスト化された表や図がネットに出回った時期もあったくらいだ。

それほどまでに敏感な反応を呼び起こすこの話題だが、日常的実践の実情は、「疲弊」である。Nさんや Bさんの様な「台湾というナショナルなものを否定される経験」に慣れすぎて、「反論すら疲れる」という反応は、多くのインタビューイーが示した。そして、それは、繰り返される「台湾は中国の一部である」というナショナル・アイデンティティ否定と、そのような同化的アプローチに対して異議を申し立て続ける、という光景が日常化していることの裏返しである。特に、本調査を行なっていた時期は、香港におけるデモが盛んに行われていた時期に重なっており、Nさんのいう「香港はああいう状態になっちゃった」「台湾もいつこうなるか分からない」という言葉から分かるように、切実な危機感を持って、中国によるいかなる台湾否定に対し、異議を唱え続けなくてはならない、と感じている人も少なくなかった。また、自身が日本に現在住んでおり、将来も日本で暮らしていくつもりと話すBさんは、（切っても切り離せない関係ではあるものの）どこか一歩引いたスタンスから、「台湾人の皆は、偉いなと思っています」と語り、一種の諦めと無力感、そして呆れた敬意が混じった複雑な感情を示していた。
では、全員が全員、Nさんのように、このような外交部の強気な姿勢を高く評価しているかというと、当然グラデーションがある。例えばSさんは、この様な反応に一定程度の理解を示しつつ、その表現方法に意を唱えた。

S：「共産主義者（軽蔑的な呼称／Commie）の洗脳者」とかクッソ信じられない。共産主義自体が本質的に悪いわけじゃない。共産主義は様々な事のオルタナティブにもなれる。なんで「共産主義者（軽蔑的な呼称／Commie)」なんて言葉使うわけ？　これは超50年代のアメリカ的。超不愉快。

――なぜ外交部はこの様な言葉を使うと思う？

S：「台湾は中国ではない」と政府が人々に知ってほしいのは勿論のこと。こう投稿すれば、多くの台湾人がとても喜ぶはず。「私達は強い政府を持ってる」って。でも、これは共産主義に共鳴したり、支持したりする人達をよりスティグマ化するから、すごく私は怒ってる。

——民進党はしばしば中国に対して強い姿勢を示して、緊張関係を作っている、とも評されるけど、これに対してはどう思う？

S：勿論これはポジティブな事。勿論私達は緊張関係を作らないといけない。なぜなら、私達は違うのだから。もし緊張関係が不可避であれば、私達はそれに直面して、私達の人々を守らないといけない、というだけ。でも、台湾人を守るための政策によって緊張関係を作り出すまたは構築する時に、これらの言葉を使わずに、より適切な言葉を使用してくれれば良い。政府が「最低である（挑発的に／It sucks）」って言うのは十分不適切であって、理想的ではない。「台湾は独裁主義的な中国とは何も関係がない」という部分は賛同するけど、そこで文章は終わるべき。最後の一文は無意味。

——なぜこの言葉を見て台湾人が喜ぶと思うって思ったの？

S：なぜなら、この言葉は、「我々は中国の一部ではない」と国際社会に向けて発信し、ナショナルアイデンティティを強化してくれると、かれらは感じるから。多くの人は中国を好きではないし。だから、もし誰かが中国バッシングしているのを聞けば、人々は喜ぶ。

——それは問題だと思う？

S：これが一番理想的な状況とは私は言わないけど、これは容認できると言っても、個人的ならね。政府からなら、できない。これに対する人々の怒りは共感できる。だから、私は、政府が言ってる核のアイデアは支持するけど、そのアイデアを表現する方法は好きではない。

Sさんは、呉釗燮（Joseph Wu）外交部長が（通常中国大陸との関係を処理する大陸委員会ではなく）[2]英語で、米国などの英語圏を念頭にした国際社会に向けて伝達している点を指摘し、その国際的視線の下、冷戦時代の共産主義者を魔女狩りする様な言葉遣いを通して反論したこと、また、実際の弱者を考えているのではなく、大衆に迎合して反論しているように見えると語り、政府の「怒り方」に対して憤慨した。では、なぜ同性婚のイシューが、これほどまでにナショナリズムの問題になってしまう、または「交わってしまう」のか。

K：人民日報がこのニュースを流したの、びっくり。強調したいのは、「中国台湾」でしょう。なぜこのニュースを書いたか、その動機は、台湾と中国のナショナルな問題だと思う。同性婚より。かれら中国はニュースで「台湾がアジアで最初の国」なんて絶対言わないから。これは、台湾の主体性を矮小化したいだけだと思う。だって我々台湾は同性婚を明確に利用して、みんなに「僕たちは中国と違うんだ」って言っているんだもん。そしたら、中国は「台湾は地方です」って言わないといけないから。外交部も、フォーカスは同性婚ではなくて、中国と台湾のナショナルな問題。外交部だし。

――なぜ同性婚の話がナショナルなイシューになってしまうと思う？

K：なぜかというと、台湾が国際メディアに注目されたら、この問題は避けられないから。絶対に。さらに、国際メディアに注目を浴びたい、というこっち側の要因もある。ずっっっっと排除されてるから。WHOから外され。UNにも入れない。だからいつも排除されてきたんだ。我々は西洋の先進国ではないわけで、実際には焦ってるんだ。だから、国際メディアに取り上げられるのは大事なこと。国際社会の中で、優秀な国があるんだって。

――それは逆に、国際社会に対して、悪いニュースを生み出さないようにしなきゃ、とかいったプレッシャーが常にある感じとも言える？

K：それは、なくはないね……。

この様に、台湾は常に西洋諸国からの国際的視線からは逃れられず、その様な注目があれば、ナショナリズムと接近する土台がある為に、どの様な問題もナショナルな問題と化してしまうと語られる。つまり、同性婚だからというわけではなく、同性婚が西洋を中心とした国際社会において、グローバルな人権として語られる様になった事の裏返しとも読めるのだ。そして、「国際社会の中で、優秀な国があるんだ」と国際的に「優秀な活躍」を評価されることが大事であるのと同時に、「先進的である」とされる西洋を念頭に置いた、グローバルなイシューや枠組み、価値観、人権の面で「後進的な国」と評価されないよう、優等生を続けなくてはいけないプレッシャーがあるとKさんは語る。それは台湾が国家として承認されるための、代償付きの生存戦略ともいえるだろう。ここで意味する代償とは、実際に台湾の中で起きている差別や排除を受ける構造的弱者が存在するにもかかわらず、「優等生的台湾」という看板を守る為に、内部的問題を矮小化・不可視化し、ナショナルな闘争に勝ち抜く為に肯定的な情報のみを、ナショナリズムを強化したい集団によって（時に社会的少数者も共犯的に）対外発信することなどが挙げられるだろう。

Ｂ：これは、台湾は国かどうかという話……。これは全然、同性愛者との話は関係ないと思っていて。今までずっとある「国かどうか」の話だと思ってる。他の国だとこういうことは絶対ないだろうけど、台湾は色んな話が混ざるんですよ。同性婚だけではなく、どんな話でも全部（笑）。国かどうかの話は、混ざってくるので、何でも（笑）。まず、ベースとして必ずこの問題がいつも出てくるんです。今回は同性愛の話のところで。でも別の日は、環境的な話、ＷＨＯの話とかでまた出てくるかもしれないし。そういうベースは変わらないから。どういう話題になっても出てくるので。別に、同性婚だからっていう事はないと思う。

基本的には、全部くっつく。まぁ、国際的に台湾のアピアレンス（表象）がある時なら、どういう話題でもくっつくと思ってて。だからその、最近なら、中国と香港は豚肉製品の持ち込みの話、病気の。そういう話も多分ナショナリズムとくっつくと思う。そういう国際的に皆がフォーカスしている話題であれば、「台湾は国かどうか」の話はくっつく。

Bさんのいう通り、国際的な注目を得るフィールドであれば、台湾ナショナリズムは同性婚議題以外にも結びつく。Bさんの述べた豚コレラ、2019年末以降のコロナウイルス対策、健康保険（第5章4節参照）、WHO、スポーツ、どのタピオカ店でドリンクを頼むか、どのテレビを観るかなど、大きいものから日常の選択に至るまで、台湾ナショナリズムと結びつくものは、多く挙げられる。他にも例えば、中国共産党を強くバッシングする事のみに共鳴した米国のトランプ大統領支持と台湾ナショナリズムとの繋がりのような、台湾において「先進的」と言われる価値と相反しているものもある。このように前述した例の通り、数あるケースの中から、そのうちの一つとして同性婚が結びついたと位置付ける様な、広い視点を持つことも重要であろう。

4-2 「虹色の国旗」をめぐるナショナリズム

次に、本節におけるナショナリズムと性政治における闘争を理解するために、台湾にある中華民国の戦後史を簡潔に振り返りたい。中華民国は、1912年に孫文を臨時大総統として中国大陸で成立したアジア最初の共和国である。1945年にアジア太平洋戦争が終結した事で、中華民国は連合国の命令に従い、台湾を日本から接収し、統治を開始した。ところが中華民国政府の統治は失敗し、１９４７年に起きた二・二八事件により、多くの民衆が弾圧・虐殺された。その後、毛沢東率いる中国共産党が内戦に勝利し、中華人民共和国を成立させた。一方、敗戦した蒋介石率いる中華民国政府は中国大陸を離れて、台湾に移転した。

中国国民党は、蒋介石を指導者として仰ぐ独裁政党であり、国共内戦における敗北が、共産党に対する取り締まりをエスカレートさせ、大量の冤罪を生んだ。これが白色テロと呼ばれる。そして戒厳令が１９４９年から１９８７年まで38年の長きにわたり敷かれ、言論統制や政治的弾圧が横行したのである。この戒厳令の時代では、祖国化＝中国アイデンティティの強制が行われ、台湾アイデンティティが抑圧された。

したがって、１９８０年代後半から90年代における民主化の過程では、中国アイデンティティが弱まり、台湾アイデンティティへの形成がより盛り上がりを見せたのである。その潮流のもと、政権交代が起こり、２０００年に民進党が政権を獲得した。その後、国民党との間で、二度の政権交代を実現し、台湾は二大政党制となったのである。

元々外来勢力であった国民党は、土着化（本土化または台湾化）が一定程度進んでいるものの、中華民族アイデンティティや大陸との繋がりを強調する傾向にあり、中国の政党であるという建前は捨てていない。一方で民進党は、本土化、社会福祉、環境保護、反原発、人権、エスニシティ、などのリベラルな主張を謳い、台湾共和国の建国（いわゆる台湾独立）を掲げている。

これまでは、中国に対する台湾の抵抗に着目をして議論を進めてきたが、本節で指される「中国」とは、中華人民共和国のみではない。台湾のホモナショナリズムは「中国を念頭とした国家的他者化」の要素があると先行研究で語られてきているが、本節では、中華人民共和国と中華民国両方に対しての抵抗がある事に着目した。

インタビュー調査では、写真4-2の通り、台湾の「国旗」とされている「青天白日満地紅旗」と「レインボーフラッグ」が合体した「虹色の国旗」について聞いてみた。理由としては、台湾における重層的な国家像とLGBTの交差を表したシンボルとして、どの様な解釈がなされるのか、この研究において手掛かりになると思ったからである。

U：え〜!?　この……旗……に対してどう思うか？　私のナショナルな立場からしたら、もう答えは簡単だよ。絶対にこんな旗、持てないよ〜！　ごめん、この一言に尽きるね。

B：台湾の国旗とはいいえ、台湾独立派の人はその国旗のことは嫌いだよ。

台湾における「二つの中国」の歴史を知らない者にとっては、「台湾ナショナリズム」との親和性が高い同志の人は、当然「国旗」に対しても愛着心を持って堅持するのだろうと、誤読される可能性があるが、実際はその正反対である。対象者の多くは、この「虹色の国旗」を見た瞬間に、非常に複雑な顔や嫌悪感を出すか、ぎこちない笑いを飛ばすという反応を示すのが圧倒的多数である。

M：この旗に対する感情……。さて、どうだろう。ええっと……ネガティブかな。なぜなら、中華民国の国旗だから。そこで自分は思ったんだ。そうだ、つまり、自分の中華民国の印象は（以前から）あまりよくなかったんだということ。そう、そう。この旗を持ってる人は、この旗を台湾の国旗に見立てて、「国家がLGBTフレンドリーな国家にならなければならない」っていう感じなんでしょう。でも、これは中華民国国旗でしょう！　自分はこれじゃダメだと思う。絶対ダメ。そう。

U：なぜ私がこの旗を持たないかって？　だって、だって、国民党はLGBTに反対しているじゃない。もともとこの両者は衝突するものだから、自分は持てない。

――じゃあどの様な人がこれを持つと思う？

U：え～～!?　まぁ、確かに、皆の中華民国の国旗に対する意味は、人それぞれ違うと思うから……。だから、この二つが、LGBTとこの事が、衝突して矛盾を生まないと思ってる人が持ってるのかな。国民党支持者で、かつLGBTを支持してる人なのかな……？

写真４−２　（調査協力者提供）

M：国民党を支持してる同志!? そんなの超少ないよ!! え〜!? いるかな?

B：いい質問だね（笑）。国民党支持者の同志……。誰がいるかな……。最近私の周りの人達は、みんな、蔡英文が大好きだから。逆に韓国瑜(3)が好きとか、国民党が好きとかいうことが、発言ができなくなっているから。いるかもしれないけど、言えないプレッシャーがあるのかも。

台湾独立を謳う民進党にとって、台湾と中華民国の関係はヤドカリの様なもので、大きな殻（中華民国）を被っているが、その中身は別物（台湾）といったものである（若林 2014：10）。では、その中華民国について、調査対象者達はどの様な捉え方をしているのか。UさんやMさんは、中華民国もしくは国民党支持者とは、性別の面において保守的な層と親和性が高い人達を指し、同志であれば、国民党支持者や中華民国の立場に立つ者はいないであろうと捉えている。特にBさんは、「国民党 vs. 民進党」＝「反同性愛 vs. 寛容」という構図が固定化されているという事について、強調する。

B：私の家族は、もう完全に全員国民党支持（笑）。超大変。私の友人の家は民進党支持だから「楽そうだな」って思ってて。[…] パレードにも、台湾独立派の人の旗とかあるよね?

ま、推測だけど、台湾のLGBTパレードは、結構国際的な注目度が高いので、そういう国際的に注目されるところで、ちゃんと自分のもう一つの特徴を示すのが、まぁ運が良ければ、ニュースにも載せれるし、という話だと思ってて。なんかね、今回、LGBTの話も民主主義の話とくっついているじゃん？　台湾独立派も民主主義とくっついているので、丁度サポートしている人達も結構似たような人で。まぁ、台湾の中で「知識がある若い人達」と「伝統的な老人達」、「同性愛者」と「反同性愛者」、「台湾独立」と「中国寄り・親中派」、っていう……ある程度分類されている感じはある。私の友達も大体、LGBT支持派の人達は、ある程度台独を支援している人。そのサポートするレベルも、相関性が結構、正の相関関係というか。同性愛者を支援する事により、台独のレベルも高くなってるみたいな傾向が見える。

この様に、インタビュー対象者達も「台湾独立派とLGBT運動はくっついている」「片方を支持していれば、大体片方も支持している」と話しており、台湾ナショナリズムと主流派LGBT運動は密接な関係にあることがうかがえる。それは、若者であればあるほど、その関係はより密接となる。例えば、「私は中国と台湾のハーフ」「外省人」と自身を表すNさんは、中華民国の事を「残念だけど終わってしまった夢の国の物語」と話し、「外省人は台湾における白人植民地主義者みたいなもの」と自分自身を指した。故に、中華民国の「国旗」は、国際社会において対外的には中華民国としての台湾を示す旗として機能するが、台湾内部においては、人によっては、例えば台湾独立派であれば、抵抗しなくてはならない外来政権として目に映るのである。

K：複雑な気持ちだね。僕が今見てるのは確かに国旗ではあるけど、その事に関しては何も感じない。だって、国旗というのは、多くの外国の人達が思う国旗と、台湾にとっての国旗とでは意味が違うから。自分が国外にいる時は、まぁ、それをアイデンティティとしてみることはあるよ。でも、国内でこの国旗を見る時は、「なんでこんなものがまだここに存在してるの？」って思う。「なんでまだ廃止されてないの？」的な。

——ということは、台湾の国内と国外で、この国旗が持つ意味は変わる？

K：そうそうそう。まぁ、この虹色の国旗の場合は、国際的な視線を意識したものだとは思うよ、多少はね。だって国家とLGBTが一緒にくっついてるから。だから、国際社会の皆に、「中華民国はLGBTフレンドリーな国家だよ」って明確に教えてる感じ？　国際社会に見せてあげてる感じ。「台湾はLGBTフレンドリーな国家だよ」に似てるね。

M：良い質問だね。これは外国人に見せるための国旗という感じはある。外国人が見れば、この旗は「台湾」だと思うでしょう。そう。だから同時に外国人にも見せなければならないんだ。そう思う。外国人が見るということは、「台湾がLGBTフレンドリーな場所だ」

ということを連想させるものに違いないんだ。でも、自分達国内の人は、見たところ異なる感覚を持つでしょう。なぜなら自分自身が使うなら、「台湾の形」にレインボーを重ねるだろうから。つまり台湾の形状にする。そう、そう。中華民国国旗にレインボーフラッグを描き加えたりしないですよ。

B：台湾独立派の人は、鯨の旗を使ったりするよ。虹色と一緒に。

この様に、重層的な国家観が混在する台湾では、「虹色の国旗」一つをとっても、それは様々な形で現れる。例えば、MさんやBさんの言う様な、中華民国の国旗を表さない、台湾の主体性や明確に台湾ナショナリズムを全面に出すものが写真4-3の旗である。台湾におけるナショナリズムと性政治の交差において、「どの様な」ナショナリズムであるか、という点は、国旗の表象から見てとられ、その闘争がシンボル的に現れる。

一方で、やや少数ではあるが、悩んだ末に、条件付きにこの「虹色の中華民国国旗」を良しとするものもいた。

V：これは……。……うーん。これは……。ええい、仕方がないなぁ、分かったよ。まぁ、まだポジティブなイメージだよ、でも、あまり好きじゃないんだけど。あまり好きじゃな

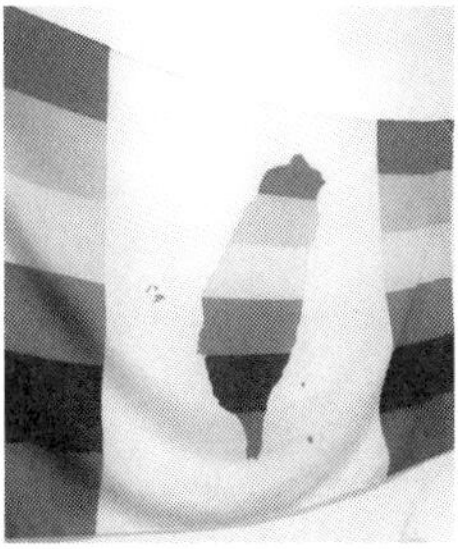

写真4-3　（筆者撮影）　　（老丹 2021）

い理由は、これが中華民国の国旗だから。そして、自分は中華民国を好きじゃない。実際、これが一番主要な理由だね。でも、まぁ、自分の感覚だけど、これにはちょっと、中華民国と台湾を一緒にしている気がするんだ。だから、これが何を表しているのか、意味は理解することはできる。要は、意味するのは、台湾。多分だけどね。この旗の意味は多分、「台湾は同性婚を支持している」という意味だと思う。自分で見て「これは中華民国」って思うけどもね。でも、中華民国と台湾を既に一緒にしている人を否認することもできない。だから、まだポジティブな見方で見てるよ。でも自分は持たないけどね、この旗を。蔡英文政権の後、かれらは台湾独立政治路線に行かずに、「中華民国台湾」って呼称を使ってるし、二つを一緒にしている人も多いかもしれない。まぁ、仮に「中華民国が同性婚を支持している」としても、それはまだ良いことだろうね。自分は好きではないけど。でも、意味は分かる。

M：そう。でも自分は通常この国旗を持つ人は、中華民国の存在を伝えたいのではないはずだと思う。我々の国家というものを伝えたかったのだと思う。それは中華民国にアイデンティティを感じるか、台湾に感じるかにかかわらず、この人は我々の国家を伝えたかったんだと思う。でも見る人はたぶん違った考えを持つはず。そう。それを台湾に見立てているだけという感じじゃないのかな。だから、やっぱりポジティブな影響だと言えるに違いないでしょう。でも実のところ、自分はこの旗を持っている人なんてほんのわずかしか見たことがないけど。まぁ、「中華民国がLGBTフレンドリー」ということでも、まだましでしょう。そう。だって、多くの人が中華民国を、自分達の政府だと思っているでしょう。自分達の政府が保障することができる、では当然、その基礎の上でならいいでしょう。

S：勿論、国民党や中華民国が性別の議論に関して寛容になっていくのも、重要なことだし、ポジティブなこと。

聞き取りの多くからは、「こんな旗、一体どんな立場の人が持っているのだろう」「自分は絶対に掲げられない」などと「否定的な感情」や「強烈な抵抗感」が示される。そこでは、「虹色の国旗」を持つ者への、ナショナルな政治的立場への懐疑的視線が投げかけられる。この様に、台湾の同志コミュニティの多くは、台湾ナショナリズムのもと、中華人民共和国への抵抗と、中華民国に対する抵抗を行なっていることが分かる。一方、「中華民国が性別の多様性を謳っていると捉えられるから、それも悪い事ではない。自分は持たないけど」といった声も上がった。

この様に、台湾のホモナショナリズムは、「中華人民共和国」「中華民国」「中華民国台湾」「台湾」などの呼称やその表象をめぐる闘争との関係が見られ、台湾における重層的なリアリティが、「虹色の国旗」をめぐるナショナルな性政治から理解できた。

4‐3 結婚と「一國兩制」をめぐるアナロジー

では次に、2019年5月14日に行われたデモで使われた「結合≠結婚 不要一國兩制（結合は結婚ではない、一国二制度はいらない）」（婚姻平権大平台 2020）という、スローガンを見ていこう。これは婚姻平権プラットフォームというNGO団体の作成したスローガン（写真4‐4参照）だ。

V：これは実際、同志の議題とナショナリティの問題が一緒になってるものだね。自分の考えは……。結合は結婚とイコールではない……。去年の2019年の時に話された、特別法のことだね！ そう。自分たちは、特別法はいらないから、って言ってた、で、一国二制度は要らない……か。自分が思うに、同性婚の議題と、皆が全員一番理解して慣れている言葉を合わせたことで、皆がより想像しやすくしたんだと思う。例えば、同性間の結婚と結合を分けたい人がいたとする。でも、その人が台湾と中国が一国二制度になることを支持しなければ、それを理解できる。これはとても興味深いスローガンだよね。これはとっても台湾的だと思う。自分はとても好きだよ。まぁ、一部の人は嫌いな人かもしれないけど。

――どんな人？

V：台湾独立をあまり支持してない人かな。一部、いるんだよ。まぁ、同志のコミュニティって言っても、いろんな人がいるでしょう？　同志であるにもかかわらず、中国と台湾を統一することを支持する人は、一部、いないことはないと思う。だから、そういう人はこのスローガンを好まないだろうね。でも自分は超好きだけど。

写真４－４　(信傳媒 2019)

このスローガンが使われたのは、国民党議員が提案した殆ど法的な意味を持たない「同性家族法案」や、折衷案として民進党議員が提案した「同性結合法案」というに反対し、「同性の婚姻」を求めた集会での事である（図表４－１参照）。そこで、婚姻という制度に「異性婚」と「同性結合」という二つの異なる制度を、上下関係を持たせた形で共存させる企みに対し、一国二制度という「中国が、台湾との統一後に、一つの国家の中に二つの異なる政治経済体制を共存させる政策（中華人民共和国において本土領域から分離した領域を設置し、主権国家の枠組みにおいて「高度な自治」や限定的な対外関係を可能とする構想）」をアナロジーとして使用したのである。

つまりこのスローガンには、一国二制度に反対する者にとって、「この同性結合法案にも反対

図表4－1　（松岡 2019）の表をもとに作成

■提案された3つの法案のポイント比較

	法律婚（男女のみ）	行政院が提案した「748法案」	国民党議員が提案した「同性家族法案」	民進党議員が提案した「同性結合法案」
関係の名前	異性の婚姻	同性の婚姻	同性の家族	同性の結合
婚姻関係	○	○	×	×
姻族関係の有無	○	×	×	×
婚約の規定の適用	○	×	×	×
年齢	女16／男18	18歳	20歳	20歳
扶養義務	○	○	×	○
約定財産制	○	○	×	○
配偶者としての権利	○	○	×	○
国際結婚の可否	○	△	×	△
第三者からの否認	×	×	×	○
嫡出推定	○	×	×	×
連れ子養子の可否	○	○	×	×
他人の子の共同養子の可否	○	×	×	×
人口生殖の可否	○	×	×	×

しなければならない」という、ナショナリズムを掻き立てる様な仕掛けがあるのだ。多くの聞き取りでは、このスローガンを肯定的に捉える声が多く、その理由としては「どちらも重要なイシュー」「片方が二級市民みたいな、二つの制度があるのはおかしい」「この一国二制度という言葉を見れば、台湾人のほとんど皆が口を揃えて、反対できると思うから」「同性婚のテーマ一つのシングルイシューだと、マイノリティだけだから賛同の数が集まらないから、二つくっつけた」などといった声が上がる。

M：ポジティブな気持ちを感じるよ。これが伝えたいのは2つのテーマ。つまり、「一国二制度はいらない！」は中国に対して言いたいこと。そして「結合は結婚ではない！」は、今の政権与党に対して言いたいことでしょう。そう。なぜならそのとき同性パートナーシップ法にするか同性婚姻法にするかで、激論になったから。当然みんなが希望していたのは同性婚姻法でしょう。だから、この二つを並べて比較しているのは、似てると言えるかな、つまり、一つの、同一の国家の中に二種類の制度があると感じたんだ。このスローガンは、同時に反対したい、つまり中国が自分達を統治することに反対したいということに違いない。そして、台湾自身の国内に異性愛と同性愛の二種類の制度に分けようとしているということ。そう。だから自分は、こう比較しているのはとっても面白いと思う。なかなか傑作だよ。そう。しかもとてもわかりやすい。もしも本当にこの二種類の制度に分けられたとしたら、それも一種の圧迫だから。

また、このスローガンの出現には、香港の民主化デモとの時期の重なりを理由に挙げた者も多い。要は、それに共鳴する相当数の支持を、婚姻を求めるデモに含めようとする試みではないのか、という声である。

V：それに、香港の議題があるから、このスローガンができているのかもしれない。なぜなら、実際、一般的にはこの二つの議題をわざわざ一緒にしようとは特別思わないんだ。そしたらオーバーラップする人が多いでしょう。比較的進歩的価値を信じる人は、多くが一国二制度は支持しないでしょう。あの時は、香港が反送中(4)を始めたばかりの時でしょう？

だから、それがあったからこそ、スローガンになり得たんだと思う。だって、実は台湾はこの一国二制度について話してない時間があったんだ。でも香港のが始まってから、突然大量にこの議論がブワ〜っとまた始まったんだ。だから、この二つは関係があると思う。

これは、例えば中国人ゲイ男性のDさんが述べる様な中国への抵抗運動である。

D：中国と台湾は、父親と息子の様なもの。または男と女の様なもの。これはとても中国と台湾の両岸関係に似ている。一方は常に捕まえようとし、一方は常に拒絶する。

Dさんは家父長的な、父子関係や男女の恋愛関係のアナロジーを持ち出し、「父が子を支配する様に」、「男が女を所有する様に」、「中国はいかなる手を使ってでも台湾をコントロールしないといけない」と述べ、これを不可避の現実として語る。

これに対し、多くのインタビュー対象者たちは、一部「台湾独立派がLGBTを利用していること」や「台独はLGBTの成功に乗っかっている」ことも理解しつつも、台湾ナショナリズムを応援する人達とLGBTが連帯することで、多くの人が参加し、共に「生存」を目的とした抵抗ができると認識している。

しかし、特に国民党支持者の親を持った対象者など、性別の問題とナショナリティの問題を一緒に話すことを、必ずしも良しとしない人も存在し、Bさんのように「必ずしも台湾独立派ではない国民党支持者の人たち、例えば私の親とかは、このナショナリズムとＬＧＢＴの繋がりのせいで、ＬＧＢＴにも反対しなきゃいけない。または、否定的な目線を向けがちになってしまうと思う。」などといった、家族との亀裂を語った声も見られた。

Ｖ：これは難しいね。ジェンダーの問題も難しいのに、ナショナリティの問題も難しいから、同時に話さないで！　っていう人もいるだろうね。

Ｂ：個人的には、一つの運動に混ざらない方が分かりやすいと思ってて。主張がはっきりするから。私、そういう二つのイシューが混ざったやり方が嫌いなんです。例えば今回のデモでは、ＬＧＢＴイシューだけをやって、台独とくっつかない方が良いと思った。デモの時はできれば「はっきりと一つの主張」にした方が。だってこれによって、「台独ではないけど同性愛者を支援している人達」の立場が難しくなるから。一つの話題に、一つのデモに、一つの主張に絞った方が……力が強いかなと思って。私はあまり良い戦略だとは思えない。最近、台湾ではそういうものが多い。「結局何が言いたいの？」って、分からなくなっちゃう。台湾の若者は物事をすごく複雑に説明するから。上の方々は全然分かっていない。だから、韓国瑜が最近流行っていると思う。韓国瑜の言葉って、結構簡単ですごく分かりやすいじゃん？　だから老人、年上にウケが良い。若者達は、もうちょっと物事や、スローガン、話す時に、簡単にまとめてほしいなって思ってる。理由とか問題の本質を考える時はもうちょっと深くしてほしいけど、コミュニケーションとか説明する時には簡単にしてほしい。難しいと思う。何が言いたい？　レズビアン、ＬＧＢＴの話か、国の話、台独の話か？　って。両方とも言いたいのだと思うけれども。「両方とも言いたい」と「両方とも向こうに伝える」ということは違うじゃん？　年寄りの人は複雑な事を一回に言われたら、もしかして、ＬＧＢＴに対してそんなに反対してないのに、台独が大嫌いだから合わせて両方とも嫌いになる可能性もあるから。多分、うちのお父さんとお母さんも、まず台独に対して違和感があるので。でもＬＧＢＴに対しては多分考え方がない。意識したイシューではないから。でもこれによって多分「台独＝ＬＧＢＴ」になってるから、合わせてＬＧＢＴに対して嫌いになってるという可能性があるので。私はあまり混ざらない方が良いと思う。

ここでは、複数の議題を同時に唱える事での連帯が生まれ、そこで交差された視点によって、その議題は広がりを見せるが、その論点の広がりが逆に仇となり論点が不明瞭になってしまう批判が挙げられ、シングルイシュー政治への欲望が見られた。確かに、台湾ナショナリズムを応援する人達とLGBTが連帯していることは、国家としての「生存」を目的とした抵抗であるとはいえ、一見、性的少数者と国家とが共犯関係を結んでいるかの様に映る。しかし、これを台湾ナショナリズムに「毒された」、政府や国家に反抗しない運動と結論づけるのは、いささか早計だろう。

M：一緒に話すのは良いことだと思う。なぜなら大部分の台湾人は、国民党の支持者でさえ一国二制度を支持していないから。[…]それに、これはきっと、政府に対する批判でしょう。そう。しかもある程度政府を呼び覚まそうとしていると自分は思う。なぜなら今の政権与党はつまるところ比較的台湾土着系統の人でしょう。もしも自分達に一国二制度を受け入れさせようというのなら、政府がやっていることは、中国がやろうとしていることと同じなんだぞ、ということを呼び覚ましたいんでしょう。そう、そう。だからこの人の対象は政府あるいは与党なんだ。そう、そう。自分は、これとても面白いと思う。なぜなら他の国ではあり得ないから。ないでしょう。ありえない。ないよこんなの。とっても台湾的。一国二制度なんてね。

「一国二制度はいらない」の文字を見ると、政府や国家に反抗的な姿勢を一切取らない、むしろ民進党政府に擦り寄ったスローガンに見えるが、「結合は結婚ではない」という性政治との交差によって、それは政府や国家への批判にも変わりうるのである。

ここで注意すべきなのは、一国二制度は、台湾独立支持と同義ではないことである。なぜなら、一国二制度は国民党も反対しているからである。ただし、台湾独立主義者が一国二制度を声高に反対していることについては、その裏に中国嫌いを見い出すことで、強い違和感を感じる人たちがいるということである。

4-4　ひまわり運動との連帯可能性：「勇敢な」中国人フェミニスト・クィア

B：よくある話だけど、私、特に台湾にいる中国人は大体優しいかなと思ってて。皆「台湾とは一体どういうものだろう」って知りたい感じ。まあ、その中に強く「台湾は中国の一部」と言う人もいれば、そこはソフトに「台湾はどういうものだろうなー」って思って台湾に来て「やっぱり違うな」って思ってくれる人もいっぱいいる。……なんだろう、私、中国政府は嫌いだけど、中国は嫌いではない。多分台湾の皆も同じだと思ってて、中国政府のやり方は本当に好きじゃないけども、中国人は嫌いでは……ま、「中国人は嫌い」っていう統計があるかもしれないけど、中国人が目の前にいたら違うと思うんだよね。意識的には嫌いかもしれないけれど、本当の人に接したらまた違う話だと思っていて。だから皆、中国人のことを嫌い、と言っているかもしれないけれど、中国人と直接接触したらまた別だと思ってて。

これまで、様々な「かれら中国」という他者的中国身体表象を見てきた。筆者は、やはり米国と台湾では、同性婚に関わる運動において「もっぱら中国を他者化する」点に、かなりの違いがあると見ている。では、なぜそこまで両者に差異が生まれるのか。それには、台湾が主権国家として認められていない、つまり、真っ当とされない中途半端な国民国家ということが挙げられるであろう。例えば、台湾には「私は台湾人であり、中国人ではない（I'm Taiwanese, Not

Chinese)」といった言葉があり、Tシャツや缶バッジなど、様々な商品として英語付きで販売されている事がある。そこで、「中国人ではない」とわざわざ強調する事は、何の意味があるのか、聞き取りを行った。

M：その部分（＝「中国人ではない」）が無いと、全然変わる。その語句がなければ、単に自分は台湾人ですということになってしまう。そう。そして、とても「主動的に宣言する」という感じがなくなってしまう。後ろに「Not Chinese」を加えたら「自分は台湾人であり、しかも、自分は中国人にはなりたくない」ということになる。以前に外国の報道だったか、台湾を「Chinese の国家」だと書いていたのを見た事がある。その報道は「Chinese の国家の中で、唯一の民主主義を擁した国家」だという内容だった。その時自分は、中国語と英語では、感覚が違うかもって感じたんだ。もし英語を使ったら、私にはこの「Chinese」が指しているのは中国人と感じられるんだけど、「自分はお前達が想像する中国人じゃないぞ」と思っちゃうんだよね。もしも中国語を使って、「Chinese」が「華人」の意味なら、逆にその感覚を受け入れられるっていう感覚なんだよね。そう。当然、自分は今のところ「華人」という言い方さえ、比較的にあまり使いたくない。なぜなら外国人に、両岸（引用者注：中台を指す）は同文同種なんじゃないかという感覚をもたせる事になってしまうから。でも、実は両岸の発展の違いはとても大きい。しかも両岸には異なる歴史がある。そう。かれらの大部分の歴史を我々は全く経験していないし、我々の大部分の歴史をかれらも経験していない。だから「Not Chinese」を入れ込むと、自分の気持ちはもっといい感じになるなと自分では思う。

ここには、強烈に中国をベースとする、ある種皮肉にも中国依存型のナショナリズムが存在する。この台湾ナショナリズムというのが、もともと強烈なアンチ中国を有している時、懸念されるのは、勿論、中国のクィアな身体への強烈な他者化である。しかし、この様に排除される中国的身体は、台湾人であっても適応される。

B：私は国民党でも、全然、ま、全然ではないけど、国民党でもまあ良いんじゃない？って思っているけど……うーん。まあ、中国に寄り過ぎるのは危ないから……でも正直言うと、今台湾の中に、半分くらいの人が国民党支持をして、中国寄りの考え方をしているから、選挙でかれらが勝つ時は絶対来ると思うけどね。わたし的にはなんか、かれらの意志を無視するとか……その無視をする為に、全員を殺すんですか？　みたいな。かれらの事を台湾人と言わないのか？　それは、もうポピュリズムになるから。そういう風にもいかないから、なんだろう。かれらも台湾人だと思っている。かれらが、なんでそう思っているかという背景も知ったら、私はそんな簡単にかれらのことを嫌いとは言えない……。なんだろう、台湾人であることは、絶対にこういう結果、分断になるから仕方ないって感じて受けとってるんですよ。

この様に、「台湾人」は決して同質的な人々ではないし、性的少数者コミュニティも決して一枚岩ではない。例えば「私は中国と台湾のハーフ」「外省人」と自身を指す弁護士のNさんは、中国共産党の異性愛主義とナショナリズムを批判しながらも、中国の性的少数者の人権が守られる事を強く応援している。そしてその語りは、他の多くの台湾人のインタビュー対象者からはほとんど出てこなかった。

N：中国のフェミニストとかクィアたちか……。かれらはすごく勇気があるよ……。本当に、頭が上がらない。本当に。何人か、知り合いがいるけど、みんな頑張ってる。自分はね、2014年のひまわり学生運動に参加した時、すごく恥ずかしい思いをしたんだ。自分はとても情けなくて、臆病者だったんだ。

――どうして？

N：なんでってね、皆で立法院を占拠するとき、自分は前線には行けなかったんだ。友人が本当に奥の方まで乗り込んで、警察と衝突していたんだけど、実は、自分は司法試験を控えていたの。だから、もしここで捕まってしまったら、もう試験が受けられなくなってしまうかもしれないでしょう。つまり、私は保身を考えて、前線までは乗り込めなかった、臆病者だったんだ。それに対して、私の知っている中国のフェミニストやクィア達は、違う。とても勇敢。保身を考えたら、やれない。尊敬に値する。想像してみて、中国で活動することを。

中台間のサービス貿易協定締結に対する抗議活動を直接的な契機とする、立法院占拠運動（ひまわり運動）が「台湾ナショナリズム」の高まりに起因する事はよく知られており、それが日本の植民統治を通じて台湾へ移植された「植民地的モダニティ」と、冷戦体制下で米国によって決定づけられた「親米反共」イデオロギーとが接続することによって形成された結果、台湾ナショナリズムは「中国」を「野蛮」で「文明が欠如」した国とみなす「反中」意識が刻印されており、この意味において、日本のポスト帝国主義と台湾（ホモ）ナショナリズムは相互に無関係であるわけでなく、むしろ共鳴しながら成立しているということができる（福永 2019d：16）と福永は述べる。

しかし、Nさんの様に、親中的な方向へと進む政府に対し、民主主義を謳って抵抗する台湾人像と、異性愛主義や家父長制に対して戦う中国人像を重ねるという、連帯・接続可能性を再度考える余地は無いだろうか。勿論、この背景には、中国における「監視や規制」「逮捕等のリスク」「表現の自由が奪われた空間」などを前提とした「可哀想なかれら中国」像が背景にあることは言えるかもしれない。しかも、この様に「勇敢である」「尊敬する」と表現したのはNさんだけであった。

一見、中国と台湾におけるフェミニズムや同志、およびクィアの運動は、政治的緊張によって、そのクィアな中国身体への強烈な他者化を抜きに、連帯する事が不可能であるかの様に見える。しかし、この様に、ひまわり運動との中国人フェミニストや同志、クィアとの連帯可能性がみられたことは、クィアな中国身体の生存において、大きな貢献となるであろうと捉えられる。

4–5 中国人・マレーシア華人との「後進的ムスリム表象」を通した危険な連帯

前節では、中国を必ずしも否定的に語らないものとして、Nさんを紹介したが、実は、もう一つ着目したい「連帯」があった。それは、中国人Dさんと、マレーシア華人E、Fさんとの「後進的ムスリム表象」を通した危険な連帯である。まず、中国人ゲイ男性のDさんの感じる「優越感」についての語りに着目する。

D：「台湾が先進的」と言ってる時に参照する国？　大陸に決まってるだろ！　日本より進んでるって台湾人は言えないでしょう、そんな自信は無いはず。香港に対してだって、そんなの言えないだろう！　東南アジアに対しては、全体的に優越感を持っているだろうけど、面と向かって言わないだろうから、中国大陸だよ。

——優越感？

D：台湾の東南アジアに対する優越感と、中国本土に対する優越感の違い？　まず、東アジアの発展と歴史文明の全体的なレベルは、東南アジアよりもはるかに優れている。私は中国大陸の人として、東南アジアの文化を見ると、優越感を感じる。彼らよりも我々は進んでいると思う。そんな潜在意識がある。したがって、台湾もこの感覚を継承しているはず。中国大陸に対しては、非常に複雑。台湾人は中国大陸に対して、一種の劣等感と自己卑下意識を持っている。台湾人は、中国大陸を軽蔑したいけど、実はまだ密かに見上げて、羨ましいと思っているはず。台湾が中国より先進的なんて言える様な自信は、台湾人には無いはず。

――中国は同性愛嫌悪的だって言う人はいるけど？

D：同性愛嫌悪……まぁ、ある程度ホモフォビックではある。確かに中国は、ヨーロッパ、米国、台湾と比べて、より保守的でホモフォビアな傾向はある。けど、米国で最も保守的な地域、最も保守的な宗教、または中東の宗教なんかと比較すると、マシなはず。中国の歴史をみると、中国はとても開けた、同性愛嫌悪の無い国だったから。まぁ、これは男性中心だったけど。でも、中国の歴史はキリスト教やイスラムのような同性愛の問題を体系的に拒否していない。ああいう場所よりは我々はマシなんだ。

まず、これまでの多くの台湾人の聞き取りから分かる様に、多くの台湾人がアジア限定の性的例外主義の下、「香港や日本や中国や東南アジア」に対しても台湾が「先進的である」と回答する事から、Dさんの台湾理解と、台湾人の認識とには歴然とした差が存在する。中国を「密かに見上げて、羨ましいと思っている」といった語りは、誰一人からも発せられた事はなく、むしろ「恐怖」や「憐れみ」や「後進的」などと言った表象がなされているため、この非対称性は非常に大きなものとして映る。この違いは、中国人Dさんの「自分たちが本質的に軽蔑されることはないはず」という自負心によって生まれているのかもしれない。しかし、ここで台湾と「共通した連帯」を持ってしまったのは、「キリスト教」および特に「イスラム教」への同性愛嫌悪性を付与した後進的表象である。

B：東南アジア……例えば、シンガポールはまだ同性愛者が……シンガポールって同性愛者であることは知られたら罰……罰則があるじゃないですか。遅れた場所って、そういう所だと思うんだけど。もしくはイスラム教……。同性愛者と分かったら罰を与えるみたいな所だと思っているんだけれども。

「でも、ムスリムの人達は、文化的に女性差別的で同性愛嫌悪的だから、そういう人が台湾に移民として入った時、それは多文化として認めるべきなのですか？」

（参与観察より――移民ついて話す講師に質問をする台湾人女子学生）

第3章3節にて、公民投票を機に、キリスト教が「宗教的」「文化的」に「同性愛嫌悪」であり、「叩きやすい敵」としてそのイメージが強化されていった事を述べた。同様に、特に東南アジアについて聞き取りをしている最中に、様々な人から、ムスリムを後進的に表象する語りも登場した。これより後述するマレーシア華人らによる語り、そして中国人のDによる「東南アジアの文化と接触すると優越感を感じる」「中国の歴史は、キリスト教やイスラムのような、同性愛の問題を体型的に排斥していない」などの語りは、他地域の視点が入ることで、台湾と中国という二項対立的な視点を崩す事ができるであろう。しかし、この見方や連帯可能性には、中国の歴史におけるキリスト教やイスラム教は不可視とされた上で、特定の宗教を劣位な後進的なものとして扱い、切り捨てた、「われわれ先進的な漢民族」という新たな危険な連帯を構築する。

本節で着目したいのは、マレーシア華人のゲイ男性達（Eさん、Fさん）を通して、「東南アジアのムスリム」と「後進性」を結びつける規範が、より強化されている事についてである。まず筆者は、台湾における東南アジア移民への差別や、多くの西洋諸国に生活する有色人種クィア移民が主に経験する「自国を劣位的で、同性愛嫌悪的な国と描く事で、自国の人種的アイデンティティを辱めながら、それを通して『それよりはマシな我々西洋諸国』のメンバーに受け入れられていくプロセス」などを考慮し、以下の質問をした。

E：マレーシアは、本当に同志に対して、とても同性愛嫌悪的なんだ。人権が遅れている。

イスラム教の人たちが沢山いる国だから。むち打ちされた人もいる。台湾に来て、自由を感じてはいるよ。

——そうなんだね……。ところでなんだけれど、東南アジアから来た者として、自分の国をそうやって否定的に台湾で言い続けることって、嫌な気持ちにならない？

E：ならないよ。だって、事実だし、あそこが自分の国ともまず思えないし。

——事実？

E：そう。人権を守れてない事は事実だし、イスラム教の人たちの同性愛嫌悪も事実。

——自分の国と思えないというのは？

E：マレーシアは、華人に対して、制度的に排除してるんだ。お前らはここの土地の人間じゃないって。だから僕たちにはそういう問題がある。

——そっか……。例えばなんだけど、移民先の社会に認めてもらうために、クィア移民が、自国を劣位的で、同性愛嫌悪的な国と描く事で、自国の人種的アイデンティティを辱めながら、それを通して「それよりはマシな我々西洋諸国」のメンバーに受け入れられていくプロセスについて、語った人が米国にいたんだけど、そういう点ではどう？

E：ないね。だって、マレーシアが遅れた後進的な国だっていうのは、悲しい事実だから。

ここで筆者が思い出したのが、聞き取りにおいて、台湾人インタビュイーと明確に異なった二つの点である。まず一つ目は、中国へのイメージである。台湾人の多くは、厳しい目線、脅威、哀れみの対象といったものを語るが、唯一フェミニズムや性的少数者の批判について「中国は悪くない」と、中国を必ずしも否定的に語らない、記憶に残る形で話してくれたのが、Fさんである。

――中国のフェミニズムや性的少数者の権利について、どう思う？

F：ま～悪くないんじゃないかな。犯罪じゃないと思うし。日常生活では比較的、おおっぴらげにしなければ、悪くないんじゃない？　ほら、マレーシアはイスラム教の人がいるから。そりゃあ台湾よりは保守的に決まってるけど、マレーシアよりも中国は環境が良いと思うよ。

これは、「マレーシアの方が状況は酷いからだ」という比較によって出てくるものである。しかし、ここで着目したいのは、ただ「マレーシアが酷い」わけではなく、その酷さは「かれら（マレー系）イスラム教徒」によるものであって、「われわれ」華人のせいではないという前提である。

聞き取りにおいて、台湾人インタビューイーと明確に異なったもう一つの点は、中台関係における台湾人アイデンティティである。台湾を構成する構成員は、当たり前であるが台湾人アイデンティティを必ずしも持っていない人たちも含まれる。第4章1節の「中国台湾」という語句に対する議論にて、マレーシア華人であるEさんは、多くの台湾人が瞬時にその単語に強い違和感や反応を見せた一方、何も違和感を持たずに応答をし、非対称性を表した。この点は、中国を必ずしもことさら強く排他的に語らない事の背景の一つにあると考えられる。台湾人アイデンティティに帰属する者達の多くにとって、この点は、ナショナルなものを否定される経験と共に、非常に敏感な反応を呼び起こす、台湾アイデンティティの要素の一つとなっている事が多いからである。

さて、この2人がなぜ一貫して、マレーシアを、性別の議題において「遅れている」理由として、イスラム教による同性愛嫌悪を強調した形で語ったのか。それは、参与観察の時にも確認できた。例えば、同性愛者が多く集う、親睦を深めるカジュアルな集まりにおいてFさんは、「イスラム教は本当に怖い」と、いかにイスラム教が同性愛に不寛容であるかをよく強調していた。この背景には、マレーシアにて華人として排他的に扱われてきた経験も影響していると考える。

マレーシア華人は「19世紀後半以降に、英領植民地における錫鉱山の労働者として、中国大陸南部から募集され渡ってきた華僑の子孫」であり、「劣悪な労働条件、政治的保護の欠如した環境で、同郷集団や秘密結社などの組織を通じて助け合い、祖先の文化と伝統を保持」してきた（杉本 1999：17）。しかし、その「文化的民族的誇りの強さと現地への同化レベルの低さは、先住・原住のグループとの乱轢や衝突を起こす原因にもなっており、一般的に商業分野での成功を民族的な繁栄の基礎としてきた彼らは、政治的安定と民族的融和を何よりも重視し、不利な政治的・経済的施策に耐えながら、「社会に突出することをできるだけ避けながら自らの地位を築いてきた、『よそ者の豊かな（あるいは有能な）マイノリティ』」とされてきたのである（杉本 1999：17）。

つまりこの場において、イスラム教のマレー人を他者化して台湾人に語ることで、「われわれ非ムスリム」としての居場所を確保している側面がある。インタビューからは、マレーシア華人コミュニティ内の異性愛主義に苦しめられた経験が明確に語られるにもかかわらず、ここではマレーシア華人の異性愛主義は語られず、「後進的なムスリム」と「そのマレー系よりはマシなわれわれ漢民族」が生まれている。台湾人側はそれをどの様に受容するかというと、マレーシア華人の話をもとに「他者的・後進的なイスラム」と「それよりはマシなわれわれ台湾人」という像を構築する。そしてそれにより、ムスリムの台湾人や性的少数者などが不可視化される。二者が排他的カテゴリーとして語られている点は、ムスリムの性的少数者の生存において致命的問題である。

さらに、FやEは、移民として差別されるという経験をあまり意識しておらず、マレー系やイスラム教徒、外見で判断できる人々など、多くが低所得の「移工（移民労働者）」とは違うという認識も、簡単に「マレーシアは後進的である」と言い放つ事に影響していると考えられる。なぜなら、外見的にも、言語的にも、文化的にもスムーズに同化しやすい、溶け込みやすいという点において、マレーシア華人は本人達曰く「移民の中でも恵まれた立ち位置」にいるからだ。つまり、「自分は自身をマレーシア人と呼ぶことはない」「自分の国にいるような感覚はない」「ホームがない」と言うFさんが、漢民族としてだけではなく、同時にゲイ男性の漢民族として、台湾で居場所を見つけた肯定的感情には、「華人として他者化された経験」と「マレー系イスラム教徒の他者化」の両面に支えられている事が分かる。つまり、被抑圧者であり、同時に共犯関係でもあるこの様な連帯は、特定の性／生を脅かしかねない危険な連帯である。

4–6 ホモナショナリズムで語られることへの抵抗感

最後に、台湾ホモナショナリズムという枠組で台湾の同性婚が語られる事を、率直にどう思うのか聞き取りを行った、Oさんの語りを紹介したい。この質問は、全ての対象者に聞いたわけではない。なぜなら、そもそも台湾ホモナショナリズムで語られるという状況や認識を持っている人は、日常で感じている人が少ない上に、これまでの枠組みや先行研究などを含めた説明などを行ってしまうと、インタビューへと大きな影響が出てしまい、筆者が見たいものだけが語られる様な、非常に偏りの有る語りが集まる事を避けたからである。

ただ、Oさんは、インタビューを終えた後に、アカデミックな興味として、どの様な背景で、筆者が何を研究しているのか、話を聞いてみたいと依頼された為に、会話が始まったのである。よって、第1章の先行研究などを例に挙げ、簡単に説明を施し、率直な感想を述べてもらったところ、その枠組みで語られる事への抵抗感がみられた。

O：これ（＝同性婚）は、自分達が掴まなければならないチャンスだったんだ。なぜなら、同性婚の合法化、それは普遍的かつ主流の、あるいは普遍的でないにしても、いずれにせよ主流の価値となっているから。だから、もしも自分達がこのチャンスを掴んだら、いわゆる欧米諸国の有力な主流社会の認可を獲得できるんだ。でも、自分が米国の状態、またはイスラエルの状態と台湾が違うと考えるのは、かれらが攻撃する対象はみなかれら自身よりも、比較的、どう言ったらいいかな？　かれらの資本は、攻撃する対象よりも高い。必ず高い資本を維持しなければならず、しかも攻撃、敵を作って、他人を攻撃するんだ。しかし台湾は違う。台湾は常に国家と認定されないなかで生きていて、国民を作り出すプロセスがなかった。しかもネーションビルディングのプロセスは、多くの対価を支払うことになるし、ライバルは中国で、しかも常に統一されて飲み込まれてしまうリスクが存在している。だから、必ず少しでも多く生存のチャンスをつかまなければならないんだ。それから、以前、台湾は経済的優位があった。それから技術的優位もあった。科学技術的優位とか色々あった。でもこれら全部、全然、全然足りない。そして声の大きさから言えば台湾は政治の上の、ほんの一部にも及ばない。だから必ず同性婚合法化で、台湾にスポットライトを浴びさせなければならないんだ（ため息）、大変だ。

――うーん、台湾は国と認められていないからね。

O：米国は国。国が既にある国は、国として認めてもらわなきゃいけないわけじゃないでしょ？　でも、台湾にはこの優位がない。この種の状況がなかった。ナショナリズムが議論するところは、生存ということ、サバイバル、サバイブ、ということ。だから自分は、米国やイスラエルとはコンテクストが違うと思う。

——米国は国だもんね。

O：そう。しかもとっても、とっても、すごく強い。あの国は撃退されたり、撃破されたりすることがない。でも台湾は違う。

このような、国家を有した国のナショナリズム批判と、台湾におけるナショナリズム批判の差異について話された語りは、実はMさんからも登場した。

M：この二つの違いは、つまり日本とアメリカは既に国家だということ。そしてかれらが日本を愛したり、アメリカを愛したりすると、それは排外的になる。「お前は日本人じゃない」、「お前はアメリカ人じゃない」、「だからこっち側に来てはならない」と言う。つまり、「お前は我々の国家の人ではない」、「だから我々の国家が与えるいかなる物事を享受する資格もないんだ」ということ。しかし台湾では、「台湾を愛する」ということは、比較的に、「台湾が一つの共同体になるべき」ということであって、「我々がいかなる国家を排斥すべきだ」とか、あるいは、「どこそこの国家が悪い」とか言っているわけではない、という感覚なんだ。当然、この共同体形成の過程の中で、排他的になることも避けられないでしょう。なぜなら、ある国（引用者注：中国）が「台湾を呑み込んでやる」と言っていて、当然こっちはその国が嫌なわけだから。でも台湾では「台湾を愛している」ということは、米国や日本ほど「保守派的な感覚」、「排外的な感覚」ではないはず。そう。反中だけど、必ずしも排外ではないかもしれない。

――台湾のナショナリズムは、日本や米国のものと違うと感じる？

M：そう言えるね。そう。この台湾という土地にアイデンティティを感じさえすれば、ここで生きていくことができて、しかもファミリーとして扱われるという感じかな。例えば、自分が新移民なら、じゃあ台湾人じゃないんだとか、言わない、言わないと思う。つまり、一旦ここで生活して、その後この場所が好きになったら……。そう、ポイントはこの場所が好きかどうか、アイデンティティを感じるか感じないかなんだけど、もしもアイデンティティを感じるのであれば、当然ファミリーとして扱いますよということ。もしも（引用者注：多くの中国人の様に）アイデンティティをここに感じていなくて、しかもあらゆる手段を使ってこのアイデンティティを消失させようとしている、あるいはこの国家を飲み込んでしまおう、というのであれば、「出て行け」と言うに決まってるじゃん、という感じでしょう。

この語りから見られるのは、台湾は本質主義的なエスニックナショナリズムから、シビックナショナリズムへ変遷しようと試みている状況である。しかしそこで「排除」される中国身体は、米国や日本で見られる人種差別や外国人排斥に基づいたナショナリズムの様な力学ではなく、台湾自体のアイデンティティを消失させようという構造的強者像への、生存のための排他性と解釈されているのである。

——そしたら、ホモナショナリズムの批判は、欧米中心に感じる？

O：自分もそう思う。それは欧米中心だって言うべきでしょう。そう。だって、起源がそうなんだから。真剣に探求をしてこなかった。つまり、台湾はかなり長い時間、現在に到るまでコロニアルのプロセスを終えてこなかった。そして、台湾は歴史上ずっと台湾という国家を本当には作り上げてこなかった。そして、今にいたるまで国民党がまだ存在しているし、また中国は台湾がかれらの一部だとずっと思っている。だから、まずこういった認識が必要で、その上で、台湾がＬＧＢＴについてどういうか、を語るべきだと思うんだ。

――じゃあ、その上で、台湾が中国より進んでいるということについては？

O：こういうことを言う人は必ずいると思うよ。つまり台湾では、台湾の同志の人権が中国よりもずっと進歩していると言う人が、必ず、絶対いるということ。でも中国の迫害対象が、同志に留まらない、ということの方がより多く認識されていると思うよ。そしてかれらは新疆のウイグル人、チベット人、香港人を迫害している。つまり台湾では、中国が迫害している件について、既に認識がしっかりとあって、そこにLGBTも含まれているということ。だから、自分は言い方が違う。だから、もしも昨年（引用者注：2019年）6月以来の香港での抗議活動の報道と、何人のウイグル人が収容所に送られたかについての報道と、議論とを比較してみると、少なくとも終始、そういうことは考慮に入っていると思う。でも、例えば（引用者注：自分がオランダに滞在していた際に出会った性的少数者の）中国人クラスメイトが台湾と中国を比較した時に、その中国人が台湾を「とてもうらやましい」と言ったのを聞いた時、すごく優越感に浸ることができたことを、自分は否定しないね。それって、当然ある部分は、その人が中国人だからでしょう。台湾と比べると、そうね、中国は多くの人を迫害しているという認識がもっとある。

――東南アジアとか、ムスリムを後進的に描くことはどう？

O：今はずいぶん変わった。自分が以前こうした類いの報道を見たことがあるからかもしれないけど。カンボジアだったか、同志に対する罰を報道したりとか何とか。シンガポールはむち打ちにする。でもこの手の話は、小さい頃からずっと聞いてきたんだ。だから自分は台湾の同性婚が合法化されたことで、これらのことが大きく変わったということを意識に留めたことがない。でも、台湾人は無関心だとは思う、メディアがそういう風に描くことの是非とか。自分は、台湾人が以前よりも、東南アジア諸国が同性婚を合法化していないということを、更に気にするようになったとは思えない。かれらはずっと差別されてきたんだ。だからかれらが同性婚を合法化しなかったからといって、もっと差別するようになったかというと、そんなことはない。やはり同じように差別している。だから、アメリカやイスラエルや、欧米で言われている、ムスリム排除とかとは、状況が違うと思う。

この様に、やはり「国家を既に有している国」からまなざされる台湾ナショナリズム批判が、特権的な物言いとして捉えられていることがうかがえた。そこには、香港やチベット、ウイグル族などの状況を目の当たりにし、台湾の未来に不安を抱える、その様な「生存」の意識があった。さらに、国民党とのコロニアルな文脈も、あまり海外の人からは理解されずにいる現状に項垂れていた。この様に、台湾における政治的緊張や、重層的な植民地主義の歴史などを軽視した、欧米文脈依存的な台湾ホモナショナリズムには抵抗を覚える事が、この聞き取りから分かる。この視点は、今まさに国家形成が急ピッチで進んでいる「遅れてきた国民国家」（若林 2014：11）としての台湾の視点と言えるだろう。

4-7 小括

本章では、複数の「他者的中国」表象と、それを通した「われわれ台湾」の構築、さらに台湾内部における緊張関係についても範囲を広げて、論を展開してきた。アジア限定での性的例外主義と、それと同時に機能する生存戦略的側面を有した「われわれ台湾」は、中華人民共和国のみを参照軸としたものではなく、外来政権として目に映る中華民国へのコロニアルな文脈における抵抗にも関与していることが、「虹色の国旗」の分析やインタビューから判明した。

さらに本章では、調査の中で表出した「他者的中国身体」や同性婚とナショナリズムをめぐる中国と台湾の緊張関係に言及しながら、その上で、リサーチクエスチョンを再確認し、連帯可能性に着目した。それには、台湾ナショナリズムにてもっぱら否定される「中国人」像が、ひまわり運動との接続において、「勇敢な」「尊敬に値する」存在として連帯可能性を見せたことが挙げられる。さらに、イスラム教を念頭とした、宗教を理由とする「後進的国家表象」は、中国人やマレーシア華人による語りから、危険な連帯として表面化したことが分かった。

そして最後に、欧米文脈依存の強い台湾ホモナショナリズムへの批判や違和感といった点において、「台湾ナショナリズム」によって無批判に国家との共犯関係を結ぶ、台湾の同志達」といった安易な物語に回収されない、政府や国家、植民地主義、家父長制、異性愛規範などへの、生存を賭けた抵抗や批判を行う人々の姿を、本章は描いた。

注

1　本研究における限界として、台湾に住んでいる性的少数者の中国人を見つけること、そして協力を得ることの困難性について、言及したい。そもそもの母数が少ないこともあるが、Dさん以外にも対象者を数名見つけられたものの、本調査への参加自体、政治的、または心理的にハードルが高かったのか、断られたケースもある。そのような警戒心などは、十分に考慮されるべき大事な点であること、そして、当たり前ではあるが、Dさんが中国の性的少数者の全体を代表しているわけではないという、代表性のリスクもここに附言したい。

2　中国が台湾に関して何か発言を行い、それに対処する場合、通常は大陸委員会が記者会見を開く。しかし今回のように、「売られたケンカ」を外交部の部長が、記者会見を開かずに、ツイッターで英語発信していることから、オーディエンスとしての欧米を意識した、意図的な対応だと分析することができる。

3　2020年中華民国総統選挙にて、国民党の正式公認候補として、当時現職総統の蔡英文と対決するも敗北。台湾社会に「韓国瑜ブーム」を巻き起こし、典型的なポピュリスト型の政治家と評された。

4　2019年3月頃から2021年8月頃まで香港で続いた一連のデモ。「逃亡犯条例改正案の完全撤回」や「普通選挙の実現」などを含む五つの目標（五大訴求）の達成を目的としていた。明確なリーダーや組織が存在しないという特徴があり、長期に渡る激しい衝突が繰り返された。中国が、国際的に公約をした一国二制度を、尊重することなく暴力的に破壊したきっかけと考えられており、台湾の人々の間にも強い危機感が生まれた。なお、香港の反対運動に支援姿勢を示した蔡英文の支持率は上昇し、2020年中華民国総統選挙で再選したことに大きく貢献したと評価されている。

第5章　国際同性婚における「一國四制」と理想的移民像

本章では、二つの目的を設定し、国際同性婚における「理想的移民身体」と「非理想的移民身体」の構築について、分析を行う。一つ目は、台湾ホモナショナリズムの多面性を浮き上がらせ、「中国＝同性愛嫌悪」対「台湾＝LGBTフレンドリー」という二元論的構造理解からの脱却を試みる事である。二つ目は、台湾ホモナショナリズムの多面性として、主に①西洋、②日本・韓国・香港、③東南アジア、④中国との位置付けにおいて、どの様な「われわれ台湾」をインタビュー対象者が表出するかに注目する事である。

この二点を目的とする理由は、従来の台湾ホモナショナリズム分析における中台関係の文脈依存性を示し、文脈と立場によっては、全く異なる意味を持ちうる事に、焦点を当てるためである。それにより、「国家／民族的他者化」の対象を「中国的身体」のみとした限定的理解から逃れ、移民や、台湾人というアイデンティティから距離を取る人々、台湾的でないとされる人々、規範的とされないセクシュアリティを通し、複数性を持った「われわれ」意識を描きたい。それと同時に、誰が「台湾的で」「良識的な」「同志」と構築されていくかも分析していく。

なお、本章を読み解くにあたって、この調査が２０２０年頃に行われたことを前提に読んでほしい。というのも、2021年以降、国際同性婚に関する法改正や運動は急速に変化し、2023年現在では一定程度の保障が進んだからである。ある意味、本調査は、法改正が進むまでの僅かな間にのみ聞き取れた、境界が揺れ始めた真っ只中の貴重なインタビューとも言える。できる限り補足をつけるが、当時の状況を念頭に置いてほしい。

5–1 四分類された「認められた／ない性的他者」

「台湾ではどんな人も全員が結婚できるよ！ 自由で進歩的な国家だから。」

——(異性愛女性・国語教師)

「台湾では誰もが結婚できる」という言葉は、国際的な視線や身体が介在する空間において、先進的な価値と共に発せられ、今ではかなり日常化してきたと言えるだろう。この国語教師の発言は、大学の授業内で、多くの外国人留学生を前に発せられたものだ。そのクラスでは、同性婚をテーマにしたワークショップや議論が何度もなされた。時には、「日本は同性婚がまだ合法化されていないから、努力しなくてはいけない」といった文章を日本人学生に読ませたり、「日本は性別の領域に関して、保守的で、後進的である」という回答を期待したり、その教師の誇らしげな顔や、抵抗感を感じながら「同性婚を支持する」と回答するその他のアジア人学生の光景を、筆者はよく見ていた。

また、多くの外国人観光客が訪れる龍山寺では、恋愛の神様として人気な月下老人の前で、観光ガイドの男性が「神様に恋愛成就をお願いする時、皆さんの中にはまさかいないだろうけど、同性同士でも良い」と、同性愛嫌悪的なジョークや笑いを含みながら、「台湾は誰もが望めば結婚できるから」という事を外国人達に説明していた。幼少期から台湾へ訪れていた筆者としては、この様な光景は近年になって見られる現象であり、国際的視点を意識した、新たな台湾表象の一つだと捉える。しかし、それは当時の台湾の現実に即しておらず、「結婚できる」主体と、その権利を享受できない人々との非対称性を表していた。

2019年、台湾全体が同性婚の為に歓喜の喜びを謳った時、笑う事のできない国際同性カップルという取り残されたグループは、この苦味を低い声で唸っていた。かれらにとって、一見簡単に思えるハグやキス、側に居る事は、非常に贅沢なものだ。10時間も駆け巡る移動、1万元の航空券、そして数千㎞以上のフライトが必要かもしれないのだ……。（台灣伴侶權益推動聯盟 2020a）

なぜ非対称的かというと、同性間における婚姻が合法化されたことで、多くの一般大衆の間で「台湾では誰もが結婚できる」との認識が広がったものの、パートナーが外国籍の場合は、相手の国・地域も同性婚を認めていなければ、結婚は認められないという当時の制限は広く共有されておらず、その存在や問題は「同性婚合法化の喜び」の中で不可視とされたからだ。この結果は当時、特に一部の国際同性カップルにとって、「手放しで喜べない課題」として、そしてなによりも「認められた性的他者」と「認められない性的他者」という「明確な差」として映ったといえる。これにより、「婚姻の平等」の運動から「完全な婚姻の平等」の運動へと、更なる運動が始まった。

その「完全な婚姻の平等」に向けて国際同性結婚の権利を求める団体の一つに、２００９年に設立された台灣伴侶權益推動聯盟（TAPCPR－Taiwan Alliance to Promote Civil Partnership Rights）がある。この団体は、２０１７年に同性婚を可能とする基盤となった、多元成家立法草案（２０１２年の三草案：婚姻平權草案・伴侶制度草案・家屬制度草案）を作成するなど、性別に関する人権に焦点を当てた多岐にわたる活動を行なってきた（台灣伴侶權益推動聯盟 2020b）。台湾の婚姻の平等運動において名の知れた非常に有名な団体だ。この団体のウェブサイトには、国際同性結婚を行う際に、誰にとってどの様な制限があるかを、「一國四制」という言葉を用いて、四つに大別して説明したページが登場した（台灣伴侶權益推動聯盟 2020a）。

まずこの「一國四制」という言葉は造語であるが、ナショナリズムをくすぐる装置として強く機能する。つまり一國二制度に反対する者にとって、「この問題も反対しなければならない（一國二制度すら酷いのに一國四制度なんて、更にとんでもない）」という気持ちを掻き立てる様な、明らかに否定的な意味で用いられた語句である。これは第４章２節の「結合≠結婚 不要一國二制」という大衆の共感を得たスローガンのように、ナショナリズムと性政治の交差において類似点が

図表5−1　「一國四制」の法的困難（台灣伴侶權益推動聯盟 2020a）

	舉例	可否結婚	法律與制度困境	可能的解套方法
パターン1 雙方國家都有同婚	台灣與美國、台灣與德國、台灣與澳洲、澳洲與荷蘭…	○		
パターン2 一方國家沒有同婚	台灣與香港、台灣與日本、台灣與義大利、英國與日本…	×	涉外民事法律適用法 + Read more	涉外民事法律適用法解套方法
パターン3 被列為需要境外面談的21國 + 21	台灣與印尼、菲律賓、越南、泰國、柬埔寨、斯里蘭卡、印度、緬甸、奈及利亞、蒙古、哈薩克、白俄羅斯、烏克蘭、烏茲別克、巴基斯坦、尼泊爾、不丹、孟加拉、薩內加爾、迦納、喀麥隆	×	涉外民事法律適用法 + Read more 境外面談 + Read more	涉外民事法律適用法解套方法 境外面談解套方法
パターン4 中國 + 中國	台灣與中國	×	兩岸人民關係條例 + Read more 機場面談 + Read more	機場面談解套方法

ある。では、この四つのパターンに大別された国際同性結婚を、図表5−1より説明していく。

パターン1は、「双方の国が同性婚を認めている」場合（例：台湾と米国、台湾とドイツ、台湾とオーストラリア、オーストラリアとオランダなど）である。この場合、両者は婚姻が可能である為、国際同性カップルの中では最も権利が保障された人々、つまり「認められた性的他者」に当てはまる。しかし、パターン2・3・4は当時の法制度では、結婚の権利が保障されない上に、3、4にはそれぞれ更に制限がかかる。

パターン2は、「一方の国が同性婚を認めていない」場合（例：台湾と香港、台湾と日本、台湾とイタリア、英国と日本など）であり、婚姻が認められない。これには、婚姻を結ぶ「各当事者の本国法」によって成立する、という涉外民事法律適用法の第6章第46条（全國法規資料庫 2010）が絡んでおり、一方の当事者の国が同性婚を合法化していない事が不成立の理由とされるという、法的困難が生じた事に起因する。

パターン3は、「一方の国が同性婚を認めていない」状況に加え「境外面談が必要な21カ国に当てはまる」場合（例：台湾とインドネシア、フィリピン、ベトナム、タイ、カンボジア、スリランカ、インド、ミャンマー、ナイジェリア、モンゴル、カザフスタン、ベラルーシ、ウクライナ、ウズベキスタン、パキスタン、ネパール、ブータン、バングラディシュ、セネガル、ガーナ、カメルーン）であり、婚姻が認められない。これには、上述の渉外民事法律適用法に加え、境外面談という法的困難がある。

境外面談とは、21カ国に対して設けられた海外面接制度であり、まず両当事者が海外での婚姻登記を行い、書類の確認と申請の面接を海外の代表処（大使館に相当）にて行い、面談を通過して初めて台湾にて婚姻登記が可能となる制度である（台灣伴侶權益推動聯盟 2020a）。しかし、これらの21カ国のいずれも同性婚を認めていないため、面接の申請がそもそも不可能であり、結婚の手続きの処理も不可能となっているのだ。この規則は異性間での国際結婚にて元々存在していたものであり、法的な差別として移民団体が撤廃の声を上げている。

これは、主に東南アジアからの移民を念頭に、偽装結婚を促す仲介業者の存在、「セックスワーカー予備軍」、「経済・教育階層の低い移民」などを阻止する企みなどが考えられ、東南アジア移民に対する偏見（夏曉鵑 2018）が背景にある。というのも、台湾には、「救いなき被害者」や「金の亡者の吸血鬼」である「無能な」貧しい低開発国の女性と、障害や経済的側面等を理由に結婚ができない「愚かな」台湾農村部の男性、という「劣った者」同士が結びつき、「売買じみた本当ではない結婚」を通して、「不法移民」が起こす社会問題を生み出しているとの「定説」が存在するからである（夏曉鵑 2018：75, 92, 104）。行政職員へのインタビューやメディア分析を行った夏曉鵬（2018）の研究からは、この面接において、職員がいかに差別的に国際結婚の当事者を眼差しているかが浮かび上がる。つまり、特定の国々において、相手国での面接を行う事が結婚成立の条件とされた、異性間での国際結婚における不平等が、同性間での国際結婚においても、そのまま反映されたどころか、それ故に婚姻ができなくなる事態となったのだ。

パターン4は、「台湾と中国」の場合であり、両岸人民関係条例と機場面談という法的困難がある。両岸人民関係条例は、外国人としてではなく、法律上の同胞として、中国大陸の人民と台湾の人民の関係を定めた法律であり、婚姻に関して中国人は他の外国人とは異なる法的プロセスを経なくてはならないものである。ここでは機場面談という、中国籍の配偶者に対してのみ設けられた、要は空港面談が求められる（中台双方の領域内に相手の代表機関が存在していないため、面談は空港でしか行えない）。この制度の下では、両当事者は台湾での申請をする前に、中国での婚姻登記を済ましておく必要があり、中国籍配偶者の台湾上陸後に、空港での面接を通過すれば、台湾に入って婚姻登記が可能となる（台灣伴侶權益推動聯盟 2020a）。しかし、中国は同性婚を認めていない。つまり、二人が中国で婚姻登記を行うことがまず不可能であるため、手続きが不成立となるのだ。

つまり、国際同性カップル達の法的な権利は、異性間における国際結婚の不平等さが反映されただけでなく、更に排除が強化され、当時者間でヒエラルキーが生まれている事が分かる。そこには、「認められた性的他者」として当てはまる、主に西洋諸国が対象であるパターン1、そして「認められない性的他者」としての、同性婚が認められていない先進国を念頭としたパターン

2、東南アジアを念頭とした3パターン3、中国を対象としたパターン4という、グラデーションを持った分断が明確に生まれたといえる。この分断が、2000年時点で、インタビューからどの様に捉えられているかを、次節以降に述べていく。

5‒2 「飄洋過海來看你」に見る理想的移民像

「え？　いやぁ（白人を念頭とした）西洋人や日本人みたいな『*GOOD PEOPLE*』は、（抱えている）問題無いでしょう。それより東南アジアからの移民の性的少数者の支援をしないと。」
——ゲイ男性・性的少数者支援団体支援者（参与観察より）

この言葉は、2018年夏の短期調査時に、ある性的少数者支援団体のスタッフから発せられたものである。この言葉がなぜ重要かというと、台湾における人種・エスニシティ認識やそのヒエラルキーが、「性的少数者」というカテゴリーに、交差した形で反映されているからである。本節では、あるミュージックビデオから見た理想的移民身体について論ずる。

2020年春、国際同性カップルの権利を求めるMV「飄洋過海來看你（Sea You Soon／Crossing the Ocean to See You）」が伴侶盟よりリリースされ、日本人と台湾人のゲイ男性カップルが表象された（写真5‒1参照）。2020年12月時点で五百万回以上再生されており、支援団体の活動資金を募ることに貢献した。

この曲は、1991年にリリースされた人気曲（作詞作曲・李宗盛、歌・金智娟）で、元々「台湾の外省人女性と北京出身の中国人男性との香港を経由した遠距離恋愛（当時は中台直行便がなかったため）」の歌とされているが、それが2020年には「日台ゲイ男性カップルの苦しく切ない愛の物語」としてリメイク・カバーされたのだ。その背景を知らなくても、この歌は「海を越えた遠距離恋愛ソング」として広く認知された曲であり、台湾では世代を問わず認知度の高い、非常に有名な曲である。

写真5-1　（台灣伴侶權益推動聯盟 2020a）

2020年版のこのMVで、どの様なストーリーが描かれているかというと、ある日本人男性が、パートナーである台湾人男性に会いに行く為に、日本から台湾の空港に向かう場面から始まる。しかし、台湾の空港にて、入国管理官に来台理由を聞かれ、恋人とは言えずに「友人に会いに」と男性は答える。それでもなお入国を許さず、執拗に「なぜ何度も彼に会いに来るのか」と来台理由を繰り返し質問する入国管理官に対し、日本人男性は声を荒げて入国を懇願する（写真5-2参照）。しかし、二人の親密さが読み取れる写真が男の手帳から発見され、事情を察した入国管理官が入国を許可する。そして、到着ゲート前で二人は遂に再開し、

写真5-2　（台灣伴侶權益推動聯盟 2020a）

涙を流しながら抱きしめ合う、といったストーリーだ。最後には、国際同性婚への支持を募るメッセージが流れて動画は終わる。

さて、ここで着目すべき点は、この二人の身体に付与された様々な特権性の表象である。例えば、英語を含む多言語を話し、台湾と日本を何度も往復できる経済的余裕とモビリティがあり、社会的美的基準を満たした健康的な身体を持ち、モダンな都市暮らしをする、家庭的な、消費性に根ざした、中産階級の、モノガマスな若いゲイ男性カップルという点（写真5-3参照）である。

頼はこのMVについて、「物語は確かに実際の出来事をもとに作られているが、映画『囍宴（The Wedding Banquet）』の高偉同とサイモンや、『満月酒（Baby Steps）』のダニーとアメリカ人彼氏の様に、このMVが『背が高くて金持ちでハンサム』といった国際同性カップルのイメージを再強化したことは否定できない」と述べる（頼凱俐 2020）。

この様な「上流社会からやってきた、衣食に困らない」、「愛のために世界の果てまで行く」、国境を超えたロマンスを語る同性愛者のカップルのイメージの美化的使用は、多くの国際同性カップルの現状を表しておらず、2020年には71万人以上にのぼったフィリピン・インドネシア・ベトナムからの移民労働者の状況からみても、特に台湾人と移民労働者の恋愛には、経済的

写真5－3　（台灣伴侶權益推動聯盟 2020a）

困難、移民制度とアイデンティティや文化の板挟みなどの問題が存在しており（頼凱俐 2020）、MVで描かれる表象と現実との乖離は大きい。

この様に、国際同性カップルが常に「辛く切ない」像として消費、表象される問題は、台湾に限った珍しい話では無い。例えば、米国の国際同性婚を推進する団体が行ったキャンペーンや報告書を分析したチャベズは、リサ・デュガンによるニューホモノーマティビティで説明されたような「家庭と消費性に根ざした、脱政治化されたゲイ文化」（Duggan 2003：50）を挙げながら、主流社会の「同情を誘う」ために、戦略的な白人中産階級家族規範の言説利用を指摘した（Chavez 2010）。

例えば、国際カップルのうち、片方は常に市民権を得ている白人中産階級の米国市民であり、そのパートナーの国籍として挙がるのは、決してメキシコや中央アメリカ「ではなく」、イタリア、オーストラリア、スペイン、イギリスなどの名が挙がる（Chavez 2010：140-3）。更に、2人はビジネスを行っており、子供を養子として迎え、「私達は、普通の人々の様に、子供の宿題を手伝ったり、映画を見たり、普通に経済的な問題を考えたり、ただ普通の生活を送りたいだけなのだ」と、経済的安定性や子育てなどを含めた、中産階級以上の白人家族規範を利用している（Chavez 2010：140-3）。

この様な「切なく悲しい物語」は、戦略的に非常に有効である（Chavez 2010：141）。更にここには、一対一のモノガマスな性関係性が前面に出されている事も表面化する。米国におけるＨＩＶ陽性者の渡航者や移民が拒否される構造的問題（２０１０年1月に解かれた）が強調されなかった点が示すのは、かれらを、ＨＩＶの感染を広げる可能性のある、非モノガマスな性生活を送る「リスク予備軍」として描く事を避け、米国の「ふさわしい」市民として描こうとした事である（Chavez 2010：141）。

この「飄洋過海來看你（Sea You Soon / Crossing the Ocean to See You）」でも、2人が料理を作ったり、2人でソファーの上で本を読んだり、お菓子を食べ、ベッドシーツを変え、携帯越しに愛を語るような、家庭性が前面に強調された「日常」が強調される。そしてその「日常」とは、台湾における多くの国際同性カップルの現実とはかけ離れた「日常」である。

つまり、ここで象徴的なのは、異性愛社会における主流派集団が「共感」できる、「感動」を煽る様な装置・仕掛けが作られており、主流派社会と非常に親和性の高い、「マジョリティにとって理想的な性的少数者」表象がなされた点である。そして、国際同性カップルが常に「辛く切ない」像として表象されるためには、異性愛規範との親和性の高さだけではなく、更に人種的な要素も絡む。

そこで、こうした問題意識を基にインタビュー対象者にこのMVについて質問した。果たしてインタビューからは、どの様な「理想的移民身体」「非理想的移民身体」が表出し、どんな身体が同情される／されないのだろうか。

5-3　戦略的「日本人」シンボル使用と「同情されない」移民

では、台湾において、特定の人種身体に付与された社会的意味、政治的意味はどのような形で表出したのか、インタビューの内容から分析していく。まず着目したのが、MVにおける日本人俳優の起用である。この様な承認の要求を行う政治において、「なぜ日本人俳優が起用されたのか」という疑問は、軽視されるべきではない。なぜなら、どの様なメッセージを発信するか、どの様なキャスティングをするか、どの様なストーリーラインにするか、どの様な音楽を使用するか、どの様に演出を行うのか、それぞれのプロセスは、恣意性や政治性、そして特定のメッセージを広範囲のオーディエンスに発信する為の戦略的側面と、切り離す事ができないからである。この疑問に対し、最も頻出する回答は、「親近感」・「台日友好」・「共感」・「先進性」といった肯定的感情要因である。

V：なぜ日本人か？　だって中国人を起用したら、皆多分このMVをこんなに支持しないだろうからね。台湾は日本に比較的親近感を感じるから、もし日本人の俳優を選べば、皆の共感が働いて、支持が強まるでしょ。もし中国人を使ったら、下手すると「ざまぁみろ」って言う人もいると思う！

N：えー、日本人俳優？　一つは、見つけやすいでしょ。演じたい日本人俳優を見つけるの。二つ目は、台湾人の日本人に対する印象は超良いじゃん！　もし日本人が「台湾人と結婚できない」って話したら、台湾人は「気の毒だな」って思うでしょう。台湾と日本はいつもこういうのがある。台湾の親日的な感じは明確だよ。推測だけど、そう思う！

ここでは、日本人以外に考えられる役者として、可能性の「低さ」としてすぐに名前が挙がるのは、多くが中国人である。そこで、もし中国人を起用した場合、そこにはどの様な差異が生まれると考えるのかを聞いた。すると、多くの台湾人にとって最も敏感なテーマの一つである、中国との複雑な国家的問題に関する議論の回避を理由とした「安全な選択」や「戦略性」といった要因が浮かび上がった。

U：はいはい！　中国人を起用したら、違いは絶対ある。要は、社会運動の手段には、一番高い社会階層集団の共通認識と合意の取得が必要じゃん？　手段の面で、沢山の象徴を有している時があるでしょ。で、日本に対して台湾人は一種の感情があると私は思うんだけど、必ずしも植民感情ではないと思う！　日本自体が先進国だっていうイメージもあるのかもしれない。で、この俳優が日本人なら、社会全体が、進歩的なイメージを、よりもっと受け入れるんだと思う。少数を除いて、つまり植民地の事について話す人以外で、大部分はほとんどそうでしょ！　もしＭＶに起用された人が中国人なら、議論がとても激しくなるかもしれない。選択としては、これが最も物議を醸し、最も好まれない選択だと私は思う。

Ｆ：中国人の起用なんて、ありえない!!　だって関係良くないじゃん。日本と台湾は関係良いじゃん？　友達だよ！　だから、仲良しの友達を起用した方が良いじゃん！　[…]そうそう！　日本人を起用する方が、社会はよりちょっとウェルカムな感じ。自分の周りの友達も皆そうだもん。異性同性関係なく日本が大好き！

Ｖ：差はあると思う。台湾人にとって比較的親近感がある国の人といえば、日本人だから、そうやって違う国を選ぶのは戦略的な選択だと思う。中国人を選ぶのと、非中国人を選ぶのでは、このテーマは完全に違う話になると思う。つまり、台湾と中国の議論になって、国際同性婚の問題だけじゃなくなっちゃう。[…]白人俳優とあまり効果は変わらないかもしれないけど、少なくとも、日本人を選ぶ事は超安全な戦略。台湾の映画でも日本人を常に見るし、皆がより親近さを持てる。

N：中国人俳優の起用か……もっと悲惨だと思う。中国は絶対あり得ないと思う。多分、一番悲惨だと思う。東南アジアより酷いかも。うん。黒人俳優さえ中国人よりは良いと思う。しかも、黒人も人によると思う！　つまり……自分はこんな事本当に言いたくないけど、私たちが見慣れている黒人、例えばアメリカの黒人。アメリカの黒人とアフリカの黒人の見た目は違う。オセアニアの黒人とも違って見える。自分らは、アメリカの黒人を最も見慣れてる。分かる!?　だから、慣れ親しんだ黒人のように見えるアメリカ人の黒人ならOK。でも、顔つき自体が違くて、慣れ親しんでいない黒人が、もし本当にこのMVで演じようと思ったら、受ける批判はもっと深刻だったと思う。自分もこんな風に言いたくないけど、黒人とあまり出会わない環境で育ったなと思う。

これらの聞き取りから明確に分かる事は、それぞれ特定の人種的・エスニック的な身体には特定の政治的・歴史的な意味合いが付与されており、それがグラデーションを有した形でヒエラルキーを成している事である。特に「黒人」や「東南アジア人」よりも「悲惨な事態」が起こる可能性を示唆するNさんからも分かる様に、「黒人」や「東南アジア人」もそのヒエラルキーの中においては劣位的に語られる。更に黒人というカテゴリー内においても、米国の黒人とそれ以外の黒人とで差異が発生したり、東南アジア人もどこの出身かによってまたその差異は現れたりする。

V：東南アジアの役者なら、日本ほど良くは無いだろうけど、あまり差は無いんじゃないかな？　結局、よく耳にする台日友好というか、皆ほとんどの人が日本の方をまだ好むと思う。［…］皆の共感を引き出せる様なものを探さなければいけないなら、じゃあ日本人って感じ。ただ、白人を起用したとしても、日本人ほど良くないかもしれないけど、そんなに効果の差は無いかも。東南アジア人とか、よりによって黒人を優先する事はないでしょ。オーディエンスが好むテーマとして、台湾人は分かりやすいよ。要は、台湾人は日本人に対して実は一種の情感があるというか。だから、ロシア人がMVに出たとして、とても見栄えが良いと思うかもしれないけど、日本人の時ほど、心の中で感じる情感がないかもしれない。［…］東南アジア系の人を排除したいわけでは無いのだろうけど、東南アジアからの移民問題に持ち込まれる可能性が非常に高いから、単純に国際同性婚の話ではなくなってしまう。だから、この話題を複雑にしたくないのかも。戦略の一つだろうね。

N：東南アジアの役者なら、遥かに差が出ると思う。台湾の東南アジアに対する差別は深刻だから。例えばポーランド人俳優が演じたら、多分違うかも。けど、あ、白人国家とかと比較して、じゃあポーランドが例でいいや、ん、ベラルーシもまだ同性婚無いよね？　ま、ベラルーシは美女の産地っていつも認識されてきた。で、台湾にやって来た（引用者注：ベラルーシ人の）レズビアン役者を探して、あ、いや、同志じゃなくてもいいから、彼女が同志の役を演じたとする。それでも自分は、下手すると台湾人と日本人のカップルの方が勝つと思うね！　なぜかって、文化的に親近感が強いから。一体何が台湾人と日本人の結婚を遮るわけ？　って。一つの、大東亜共栄圏という話なら、日本人俳優なら、皆の共鳴をもっと引き出せると思う。そういう理由があると思う。

U：まぁ、人種問題があるからね。先進国の白人なら白人の問題を処理しなきゃいけないし、同性婚が認められている国の黒人なら黒人の問題を処理しなきゃだし。それなら、全部黄色人種を探した方良い、つまりアジア人でいいじゃんって。ナショナリティの問題も、人種の問題もとても大きく取り上げられるってことだね。

ここにおける、「日本人」、「白人」、「東南アジア人」、「黒人」に関する語りから分かる事は、それらの比較からなる台湾社会におけるエスニックな社会的階層意識である。まず日本人に関しては、前述した通り、どの様な参照軸を通しても、ヒエラルキーの頂点として語られる事が、多くの語りから分かる。しかし、ここで注意しなくてはいけない点がいくつか存在する。

まず、かれらの多くがこの文脈で語る白人とは、同性婚を認めていない西洋諸国の白人を念頭に話している。白人イメージの中でも、なぜVさんとNさんがロシア人、ポーランド人、ベラルーシ人を例に出しているかというと、それは同性婚を認めていない西洋諸国として、消去法から導き出した例であると考えられる。つまり、ここにおける「白人よりも日本人の方が共感を得られる」と述べられた時の「白人」とは、同性婚を認めた主な西洋諸国を除いた上での「白人」である。更に、その上で、人種やナショナリティの議論を回避する理由できるメリットとして、白人や黒人よりも、「黄色人種の日本人俳優」の起用を選択することが考えられると、Uさんは解釈している。では逆に、同性婚が可能な西洋白人を前提とした聞き取りの際は、どの様な語りが見られるだろうか。

B：台湾人もやっぱりその、日本みたいに、西洋系の方がアジア系よりウケが良いっていう話あるじゃないですか。ステレオタイプだけれども、「白人と付き合いたい」とか。そういう話はLGBTの中にもあって。東南アジア人より、西洋系白人の方が台湾ではパートナーを見つけやすい。LGBTの中で。もしくはLGBTだからこそかもしれない。なんか、台湾にも、西洋人の方が立場的には上で、東南アジアの人が立場的には下、っていうステレオタイプがあって、LGBTの中では、特に更に強化されちゃったのかなって……。何でだろう……。今の思いつきなんだけど、その、アイデンティティのことで、やっぱちょっとなんか傷ついてる所があるじゃない？　自分がLGBTって事で。で、地位的に上の人達と付き合う事によって、自分の自尊心とか、そういうアイデンティティをちょっと強くするという、社会的地位の上昇みたいな感じだと思っている。日本も、台湾の中では確実に上の立場。

Bさんの語りからは、同性婚をする事が可能な西洋白人を理想的な身体として頂点に置き、その人達と結婚する事が社会的地位の上昇と繋がっているのでは無いか、という解釈が聞けた。つまり白人は白人でもそのカテゴリー内部に「同性婚の有無による」差異が生じている事がわかる。

もう一つ着目したい点は、ポストコロニアルな構造である。「親近感」・「台日友好」・「共感」・「先進性」、さらには大東亜共栄圏の名まで登場することからも分かる様に、これらは、台湾における植民統治の歴史文脈と切り離す事はできない。Nさんは、それを例に、肯定的なアナロジーとして、大衆が共鳴するとまで語った。しかし、相互・協力・独立・尊重などを謳った大東亜共栄圏の現実とは、実のところ、アジアを植民地としていた欧米列強に代わる、新たなアジアの支配者となった大日本帝国を頂点としたヒエラルキー構造に、アジア各国を組み込んで行く、支配—従属関係にあった事はいうまでも無い。

そして、黒人と東南アジア人は、この議論において「優先されない身体」として表出する。特に、台湾社会において、東南アジア人移民に対する深刻な差別や偏見は、社会問題としてしばしば問題化される。しかし、「問題」とされるのは制度や差別構造ではなく、移民身体が「問題」とされるのが常であり、その際に挙がる問題は「健康保険の濫用や崩壊」などといったものだ。これは、国際同性婚に限らず、元々存在していた、移民排斥の為によく使われるナラティブであり、国際同性婚に反対する保守派により反映されたのだ。

U：健康保険！　社会福祉だね。これも国際同性婚の議論に持ち出される！　台湾では、健康保険の問題は休みなくずっと議論されてきたから。［…］実際、同性婚の問題だけでなく、

（引用者注：異性間の）外国人配偶者でもそう！　あと移民に対しても！「健康保険を利用するな」って。台湾に来た大陸の学生とかに対してもね。［…］東南アジア人俳優だと、議論が本当にすごく複雑になると思う。東南アジアのどの国から来たのか？　宗教は何か？人種は？　皮膚の色は？　職業は？　って。日本人よりも詳しく調べられなければいけない状況が、簡単に起こりうると思う。台湾自体が東南アジアよりも進歩的だという視点で他国を見ているからだと思う。

O：でもそもそも、ナショナリズムのとても重要な性格は排他性だよね。なら、あるね。うん。台湾が排他的になるテーマなら、健康保険だね。健康保険を素直に払わないなら、それは台湾人ではない。

台湾は、全民健康保険というユニバーサルヘルスケアシステムを有しており、台湾の居留証明書を所有し、台湾に6ヶ月居留すれば、新移民も加入する事ができる（台北市政府 2013）。しかし、そこで発生するのが、移民による「健康保険の濫用」という言説であり、台湾社会は激しく反応を見せる。Oさんのいう「健康保険を素直に払わないなら、台湾人ではない」が象徴するように、この現象は台湾に広く浸透する、いうなれば「健康保険ナショナリズム」と呼べるだろう。

では、東南アジア出身者はどの様に反応しているのか。国際同性婚の合法化を望み、在台10年の経験がある、マレーシア華人のFさんに着目する。ここでは、例外的に、日本人と白人以外に、質の異なる「同情される身体」として挙げられた中国の例、そして自身を華人として上位に置いた上での、後進的ムスリム表象が現れる。

F：中国人の役者でも、実際はまだマシなはずだよ。一種の同情に変わるかも。

——同情？

F：そう。同情の形式が違うだけで、違う感覚になると思う。「あぁ、悲惨だね、大陸の生活は」みたいな。

——日本人だったら、中国人と比べて感じる感情が違うの？

F：ちょっと違うね。大陸だったら、それは中国っていう「国家」を感じるけど、日本の場合は、日本人としては見ないというか……分かる？　ただ、「国外から来た人」って感じ。

——じゃあ、マレーシア人だったらどう思う？

F：いや、あんまりそうならない。ま、なんでかって、マレーシア人（引用中：ここではマレーシア華人を指している）は外国人に見えないから。僕達は中国語を話すし、「ああいう感じ」がそんなに強烈じゃない。でも日本だったらそもそも言語が違うじゃん！ アクセントもあるし。だから国外と国内の差みたいなのがより明確でしょ？ 僕達は台湾人と近すぎるんだ。

――マレー系のマレーシア人なら？

F：ありえないよ！（笑）これは絶対罵られる事だよ!!

――おぉ……どうして？

F：だってマレーだよ!? イスラム教徒じゃん！ そもそもイスラム教徒はこんなの（引用者注：同性カップルを演じること）はあり得ないでしょ！ ムスリム国家の攻撃を絶対受けるだろうし、それもすごい怖いし、沢山のムスリム国家の恨みを買うでしょ。うん、うん。

マレーシア華人からの視点は、多くの台湾人から見た視点と、様々な点において異なる。まず、第4章4節で記した、マレーシア華人のみから出てきた特徴的な視点として、中国における性的少数者の生活を、必ずしも強く否定的に語らない点がある。その背景としては、「マレーシアにおける性的少数者の生活の厳しさは、中国よりも厳しい」と認識しているからだと説明される。それ故に、他の国とは異なった質ではあるものの、中国人への「同情」が考えられると語ったのだと解釈できる。なお、この様な語りは、台湾人のだれ1人からも発せられる事が無かった。

更に、容姿や言語の比較的な類似性の高さに基づく、生活における同化を他の移民よりも行いやすい、華人としての親和性を「近すぎて同情されない」関係として説明し、言語や容姿の差として「外国人」として見える日本人と台湾人との親密性を、「程よく同情できる」関係と説明したのも、Fさんならではの視点である。

そして最後に、マレー系のマレーシア人について、「だってマレーだよ⁉」「イスラム教徒じゃん！」といった、あたかも自明かの様に、その「ありえなさ」をイスラム嫌悪と共に強く語ったのもFさんの視点である。これもまた、第4章4節で表した、台湾におけるマレーシア華人のゲイ男性による「後進的ムスリム」表象と同様に、歴史的に排斥されてきた華人として、緊張関係の深刻なマレー系を、宗教を理由に挙げた形で、ホモフォビックで、かつ危険な身体であると理解していると、解釈できる。

更に、もう一つ重要な点として、日本や白人以外に「同情」される身体として挙がったのが、香港である。

N：というか、実際国際同性婚について一番議論される対象って、アジアなんだよね。でも台湾しか同性婚が無くて、他全てのアジア諸国の人と結婚できないってなると、すごく問題になる。だから、日本人を起用に選ぶのは勿論安全なチョイス。それから香港！　香港と日本を比べたら、香港が下手したら勝つかもしれない！　今は、みんな既にもう「香港と台湾は一つの家族だ」と完全に思ってるから！　分かる⁉「やったー！　我々は同じ国の人！」って感じ。だから、国際同性婚の報道を見てたあの日、5月17日、路上でこの話を訴えてた時ね。そのインタビューを受けてた女性一人が、広東語を使って「私は彼女と結婚したい！」って言ったの。ガールフレンドは台湾人。でも、彼女は香港人。これも正しい戦略だと思うね。今、最もみんなが親近感を持つわけだから、「なんで結婚できないっていうんだ⁉　あんまりだ！」みたいな感じ。白人よりも、日本人と香港人は下手したらもっとシリアスで、もっと同情を引き起こすと思う。

この背景には、逃亡犯条例改正案に反対した事を発端に急激な広がりを見せた、2019年春の香港民主化デモが確実に影響している。実は、この香港民主化デモの広がりと、台湾の同性婚合法化の時期は重なっており、民進党の蔡英文が2020年1月に向けた選挙の為のスピーチに、この2点を強調したものが見られた。その会場には、香港民主化デモで使用された「時代革命」の旗、同性婚を祝う様なレインボーフラッグ、そして台湾独立派の旗が同じ空間に存在していた。この民主化デモの中で出現した「今日の香港は明日の台湾」という言葉からも分かる通り、台湾は香港に対し、中国政府からその主体性を脅かされる同胞として、「一つの家族みたいなもの」

と解釈したのである。その様な意味において、台湾で最も強い危機感を帯びるこの共通テーマを持つ香港に強く共鳴し、香港人との親密性が描かれれば、それは多くの同情を日本人よりも買うであろう、とNさんは考えたのである。

では最後に、東アジアにおけるプレゼンスとして、決して小さくは無いにもかかわらず、筆者が質問するまで、かれら自身の口からは誰からも登場する事の全くない、韓国について着目する。

V：韓国!? あ〜、でも台湾人の一部は、韓国人が好きじゃない事を、まず言わないとね。なんでかって……。う一ん、理由は……なんだろう。スポーツの試合だったかな？ 前に、台湾が韓国に負けたから……？ ごめん忘れちゃったけど、すっごい韓国人を嫌いな台湾人は一部いる。韓国はすごく民族の意識が強いよね。

N：韓国人俳優と台湾の関係は、日本人俳優と台湾の関係ほど親しくないね！ 台湾の熱狂的な韓国ファンは、一面では向上してる。エンターテイメントの面で。でも台湾における「日本」は、エンターテイメントの領域を超えて、すごく遠くまで多くの分野にまでわたる。だから、まだすごく大きな差があると思う。あと、台湾は、超超超韓国人を大っ嫌いな人がすごく多いから。で、台湾は、超超超日本人を大っ嫌いな人がいない、いや、いないわけじゃなくても、とても少ないから。

U：私も韓国の事今考えてた！　日本の事話してた時。なんで韓国人俳優じゃないんだろう……。今、最初に頭に思い浮かんだのが、正しいかどうか分からない。けど、台湾の社会には一種の理論があって、要は韓国の「ああいう雰囲気」。日本はいつも前を走っていて、その後ろを、韓国と台湾は最初から最後までずっと競争してきてて、台湾は韓国といつも比較しなきゃいけないというか。ま、これは私が何も考えずに一般的な考えとして思いついたものなんだけど。

この様に、筆者が質問するまで韓国の名前は出ないものの、回答した全員が韓国に対する否定的な印象や理由を述べた。この様な韓国理解の構築要因は多岐にわたると考えられるが、本研究において論じられたのは、Uさんの述べた経済競争などを理由とした「ライバル視」、そしてNさんの述べた「エンターテイメント領域に留まった肯定的感情」、そしてVさんの述べた「ナショナリスト的な韓国人」表象である。Vさんの述べていたスポーツの試合とは、2010年に起きたアジア競技大会（テコンドー）における、台湾選手失格判定を発端に広がった嫌韓行動（台北市内の韓国系学校への卵の投げつけ行為、韓国製品の不買運動、韓国の国旗を燃やす行為など）や、2015年に起きた韓国人バスケ選手による台湾選手への腹部殴打疑惑などの事柄だと推測する。ここで指された「韓国人はナショナリスト」とは、「日本に対して良好な感情を有している」という台湾イメージとの対比として発生することもあり、日本を通じた植民地問題においての複雑な問題も背景の一つにある。

B：確かに、台湾人の皆はあまり（引用者注：植民地に関して）そこまで意識していない。なんか、韓国みたいに、激しい、敏感な話題ではない感じなので。そもそも台湾が日本の植民地だったっていう事は、知らない日本人もいっぱいいるので（笑）。

この様な、韓国の脱植民地主義の文脈を読み取ることなく、韓国の反応を「激しく」「敏感な」非合理的反応として描写する事は、台湾においてしばしば散見される。さらにここには、それを通して、自身を「それよりは理性のあるわれわれ台湾人」として構築する事で、日本との関係を結ぼうとする一面がある。しかしここで注記しておきたいのは、この言説が、植民地問題に関して「被害者的態度」を「激しく」示す韓国を貶める為に、「同じく植民統治されても、なお日本に牙を剥かない」「親日台湾」表象を持ち出し、韓国を劣位的に比較する、日本の右派・保守派が頻繁に利用するナラティブに通ずる事だ。

ただ、台湾人のことを、コロニアルなナラティブを無批判に内面化し、日本に「従順に牙を剥かない犬」などと乱暴に解釈するのは、限りなく暴力的である。実際には、世代間の経験してきた記憶や教育の差、それぞれの階層や性別、エスニシティや年齢など、多岐にわたる要因によって、植民地時代及びそれにまつわる事柄の語り方は、重層的かつ複雑に個々人から形を変えて発せられる。それを念頭に、日本のコロニアルな目線と同性婚の議論が重なった事例に言及した、2人の聞き取りを紹介する。

まず、鈴木賢（2020）が東京レインボープライドのホームページにて連載している「台湾の同性婚法制化から何を学ぶのか」に着目する。鈴木は、第10回目の連載にある「戦前は日本だった台湾」にて、台湾が日本の一部として描かれた1912年の日本地図も掲載しながら、台湾の同性婚を以下の様に記している。

台湾は戦前50年間（1895〜1945年）にわたって植民地として日本の統治を受けていた土地（正確には台湾島、澎湖諸島などだけ）であり、台湾では75年前までは普通に日本語が話され、日本法が適用されていた。つまり、台湾は日本の「外地」だったのであり、「内地」の人から見れば、北海道や沖縄と同じカテゴリーに入っていた。戦後は北海道や沖縄とは違う運命をたどったものの、何のことはない、元は日本の一部だったのである。同性婚の波は現日本領よりも旧日本領に先に到達したことになる。現日本領に住む我々はいつ同性婚を実現するのかが、いま問われていることを自覚すべきである。（鈴木賢 2020）

さらに、ハフィントンポストの取材においても、「日本にとっても特別な意味がある」と、以下の様な回答をしている。

アジアで同性婚が認められたということに「特別な意味がある」と鈴木教授はいう。「かつて植民地統治してた台湾で、先にやりましたっていうことになると、それは欧米のことでしょっていう言い訳は通用しなくなるという意味で、日本にとっては特別な意味があると思います」「アジアの中でも、タイとか、例えばフィリピンとかそういうとこよりも、もっと身近な国ですから、台湾は。だから日本にとっては、人ごとでなくなってくる、いよいよ日本はどうするんだということを、突き付けられるようになるということだと思います」

（ハフィントンポスト2019）

以上の2点から分かる様に、鈴木は、「タイとか、例えばフィリピンとかそういうとことよりも身近な」「外地」であり「旧日本領」である「植民統治してた台湾」が「先に」同性婚を合法化することは、「内地」であり「現日本領」にすむ「我々日本」に「突きつける」何かがあると論ずる。果たしてそれは、一体何なのだろうか。

N：これは、日本人がよく思ってる概念な気がする。同性婚以外にも。「元々自分の下にある国ができるものなら、自分もできる」っていう感じ……。うーんとね…。どういえばいいかな……。気持ちは分かる。なんか、正しいかどうか、正しい信じ方かは分からないけど、気持ちは分かる。なんか自分を、もっと、ど、どういえばいいかな。……政治的に不適切な言葉だと思うけど、でも、心理的な面で彼は「これを利用すれば、より多くの人を説得できる」と思ってるんじゃないかな。……なぜかというと、日本人は自分を上に置いてる感じだから、「自分の目に映らない国さえも同性婚を通したなら、絶対やらなければいけない」という感じ。戦略的には、分かる。そう……。うーんとねぇ……。複雑……。なんか、自分は、うーんとね、けど、基本的に人々の生活が良くなったら良い。他の人が幸せになったら良い。だから、日本人が、こう思って、色々、うーん…。力出して、努力して、同性婚を合法化できる様にするって感じだとしたら……。ま、こういう戦略……ちょっと、問題になると思うけど……と思う。

B：これは……私、これあまりね、気に食わなかった。気にくわない。別に植民地だからじゃなくて、もっと「近い国」とか言われたら分かるなぁと思って。日本の文化とか経済的な状況も（引用者注：台湾と）似ているし、国際的な地位、まぁ日本の方が上かもしれないけれども、そこまで差がなくて、まぁ台湾は先進国と言えるかは別として、どちらも経済的には結構進んでいる方なので。アジアの中では。ま、タイとかフィリピンとか、そういうまだ発展途上国と思われる所よりは、確実に日本の環境に近いから、そういった事でなら分かるんだけれども、ここで結構上下関係を、はっきりしようとしている感じじゃん？そういうところだけ気に食わないかな。上から目線っていう感じ？日本は今でも、アジアの王様、王者だと思ってるよね。［…］そもそも、日本人の中でも、台湾は植民地だったっていう事は知らない人が多いから。みんな韓国しか知らない。だから逆に、「歴史知ってるね、すごいなー」って「ちゃんと世界史を勉強してるなー」って。ふふふ（笑）。

この様に、鈴木が述べる様な言説は、日本が「アジアの王様」として台湾を「下に見ている」から発生するポストコロニアルな考え方であり、「気にくわない」「複雑な」気持ちとして2人には解釈された。特にBさんは、そもそも台湾が日本に植民統治されていた事実を知らない多くの日本人を自明とし、その前提の上で、鈴木を「歴史知ってるんだね、すごいなー」と、笑って日本人を逆照射している。一点留意しておきたいのが、鈴木を全く知らないBさんにとって、鈴木は長年台湾の研究を行ってきた研究者とは映っていないことだ。Bさんはあくまで（Bさんの理解による）「ただの日本人」を想定して話しているため、文脈を無視して、鈴木をそのように一方的に評する気は更々ない。ただ、フラットに「日本人って台湾を植民地にしていた歴史を知らないよね」と語るBさんの語りは、「その歴史を知らなくても問題なく生きる、無徴の存在であった日本人」を浮き上がらせ、有徴化させる。

しかし、一筋縄でいかないのが、この様なポストコロニアルな言説を、台湾側が完全に拒絶するわけではない、という事も述べておかねばならない。以下に続く聞き取りに注目してほしい。

N：例えば刑務所の改革とかでも、政府を説得する用に選んだ刑務所の収容者のケースは、ドラッグを使ってない人だったり、親との関係が良かったり、人間関係が良かったり、刑務所で喧嘩してない人とか、様々なステレオタイプに合っている人だけピックアップして、政府を説得する。説得力あるから。こういう基準や戦略が良いかどうか、それは皆わかってる。問題だって。でもそれをしないと、問題解決できないから、無視してやれることはやるっていう感じ。
まぁ、一部の日本人は「台湾はそんなに悪くはない」という意識も持ってるから、ありがたいけど。他の人、まぁ、台湾を下に見る人さえも、「台湾ができるなら自分も頑張る」ってなるべく努力する様になる気持ち、出せたら、まぁ良いや、と思う（引用者注：諦めのため息）。［…］鈴木さんがこう言って、もともと意識してない人までも、やる気出さなきゃってなったら、結局日本全国で同性婚できて、良いと思うでしょ。国の差別は、別のもの、って感じ。差別というのはすごく複雑なので。例えば、ジェンダー平等やってる人は、多分、環境保護を意識してないとかあるじゃない？［…］日本は「自分はアジアの一番」っていう、そういう誇りに思う気持ち、優越感があるから、「他の人もできたのだから、自分も頑張らなければならない」という、ちょっと変だけど、まぁ良いや、と思う。でもちょっと「国と国は平等だよ」と一回議論して……いや、平等じゃないか。まぁ、［…］台湾が役に立ったら……マシ……と思う……。

B：あ、いや別に。私こういうことに関して、「上から目線だね」と思ってはいるけど、あまり嫌とかは思わないいし。何かそういう上下関係とか、どういう社会にでもあるから、あそうなんだと思って。まあこっちの方がもしかして、皆に「下だ」と思われてるから「私達も頑張らなくてはいけない」という意識が、刺激ができるかもしれないね、って。［…］（引用者注：台湾が植民地であった歴史を、日本人が知らない事は）あ〜問題かな……？問題意識はどこに置くかという話だよね。みんな幸せで生きていければいいと思ってるんだったら、別に知らなくても、別に知らない方が幸せだなって。

Nさんも B さんも、日本のポストコロニアルな言説に「気に食わない」といった抵抗感や複雑な感情を見せるものの、最終的には「気持ちは分かる」「嫌とか思わない」「下だと思われてるから、私達も頑張らなくてはいけない、という意識が刺激される」などといった言葉が出てくる。Nさんにおいては、台湾をポストコロニアルな文脈で劣位に位置付ける行為を、日本全体の運動推進のためを思い、その戦略への理解すら見せる。

福永は、「LGBTフレンドリーな台湾」に関心を寄せてきた日本のLGBT運動や活動家に対し、「かれらは台湾を『アジアでもっともLGBTフレンドリー』とする言説を内面化しつつ、『台湾を追い越せ／台湾につづけ』としてアジアの覇権をめぐる対抗言説を紡ぎながらアクティヴィズムを推進」してきたと評し、それを「ポスト帝国主義の欲望」と位置づけ、その顕著な例を東京レインボープライドとした（福永 2019d : 8）。更に「台湾 = 親日」言説が、日本植民統治の再評価と共犯関係を結びながら日本（および台湾）社会で主流化したことを指摘している（福永 2019d : 11）。

確かに、その様な共犯関係はここでも発生している様に見える。Bさんにおいては、前述した、韓国の反応を「激しく」「敏感な」非合理的反応として描写する会話があった直後の文脈で話しているため、自身を「それよりは理性のあるわれわれ台湾人」と描く事で、「私は問題だとは思わない」と線引きをしているのだと解釈できる。しかし、日本人が植民統治の歴史を知らなくても、「みんな幸せに生きていけるなら」良いという反応には、台湾のやることなすこと全てをポストコロニアルな歴史に回収されたくない、という気持ちの表れと取ることもできるであろう。つまり、全てを日本とのポストコロニアルな文脈に回収され、台湾の主体性を矮小化されない様に、回避、抵抗しているという解釈である。または、日本に対する脱植民地化よりも、台湾における目下の課題は、中国との帝国主義に対する脱植民地化への優先順位が強いという見方もできる。例えば、Nさんは以下の様に述べる。

N：「婚姻平等」とか「First in Asia」って言う時、私達の国際的な声の大きさを大きくするのに役立つ思うことない？　あるよね？　じゃあ、国際同性婚を通さないなら、どうやって国際的な声を大きくできるっていうの？　私達は今、非常に非人権保護の状態。どこが合理的だっていうの？　分かる？　話をすればするほど、本当に怒りが湧いてくる！

これは、国際同性婚を認めない事を、むしろ「国際社会に会わせる顔など無い人権侵害だ」とし、更に国際的な承認を求める必要性と結びつけるものである。「国際的な声を大きくする」事というのは、聞き取りの中でも台湾の重要な課題として何度も語られる言葉である。ここでもまた、中国を背景にした、国際社会における台湾プレゼンスを求める、生存機能としての言説が表出する。

さて、これまで国際同性婚を、特定の国との関係のみに限定しない形でみてきた。様々な切り口で分析する事で、複数の顔を有した「われわれ台湾」が見えた事であろう。これらの議論をまとめると、台湾の国際同性婚にまつわる議論は、結婚をする事の可能な西洋白人社会に属する集団を除き、日本人を比較的「安全なパートナー・選択」として位置づけ、それと同等または時に上位や下位の位置になり得る存在として、同性婚が認められていない西洋白人や香港人、そして、韓国人、華人の東南アジア人、華人以外の東南アジア人、米国の黒人、米国以外の黒人、中国人などと、多少の前後はあっても、それらが後に続いていく様な、台湾社会における人種・エスニシティのヒエラルキーが、周辺国との政治的緊張関係やポストコロニアルな文脈と完全には切り離されない形で、国際同性婚をめぐる闘争に反映されている事が分かった。

それぞれ、重なり合う問題や、その程度の異なりは存在するだろうが、白人や黒人であれば「人種」や「ナショナリティ」の問題、東南アジアからの移民であれば「偽装結婚」や「宗教問題」や「健康保険問題」などの問題、韓国であれば「経済的なライバル視」や「ナショナリズム」、中国であれば「スパイ問題」や「国家安全保障上の問題」などを想起させ、それらを消去法的に除外していくと、「自然に」日本人が台湾主流社会にとって親和性の高い「好都合な」理想的移民身体として選ばれると、解釈されたのだ。

勿論、注意したいのは、既に存在している「日本人俳優を起用したMV」一つを例に挙げ、そこから「どの様にインタビュー対象者それぞれが解釈をしたのか」を聞き取っている為、その事実に沿ってこれらの理由を正当化しようとする力学が働いたのではないか、という疑問は考慮されるべき問題である。それは「香港の方が日本人より同情を呼ぶかもしれない」といった聞き取りから見ても、考え得る話である。

しかし、この非常に反響の大きかったMVが、人々に与える影響は決して小さいものではない。ましてや、それが不可視化されてきた国際同性カップルの表象である時、その表象の在り方によって、その性／生を生きる人々の生命や尊厳がどの様に脅かされるか／されないかという、重要な問題を抱える。更に、それを念頭に置いた上で、戦略的「日本人表象」による、主流社会の共感と感動を狙う事は、理想的では無い「同情されない」移民身体の構築をも意味し、かれらの性／生の生存は更に困難を極めるのである。

5–4　国家を裏切る「ふしだらさ」:「異質」とされる中国・台湾カップルの親密性

V:自分は中国人とは付き合えないし、付き合わないだろうし、中国人と付き合いたいとは思わないだろうと言うべきだね。アメリカ人ならいいし、あるいは他の国の人ならいいかもしれない。でも中国人は、なぜか分からないけど、比較的そうはできない。

台湾では、中国人との親密性や、中国とどれくらいの距離感を有しているのかについて、非常に敏感なテーマとして発露する時が多々ある。それは、中国人と実際に親密的な関係を築く事のみに限らない。例えば中国で働くことになれば、それは「台湾を愛していない事」と同義だと指を指される可能性があるため、「いかに台湾を愛しているか」をより表現しなくてはいけないプレッシャーを感じる人もいる。中国的な言葉遣いをするのか、中国に寄ったメディアを見ているのか、様々な事柄において、その政治的な目線は現れる。

本節では、インタビューで表面化した、中国と台湾のカップルの親密性と、そこ投げかけられる疑いや好奇の目に関して、論じていく。まずは、「自分は絶対中国人とは付き合えない」と語るVさんの聞き取りから出て来た、中国人と台湾人のゲイカップルに関する会話に着目していく。ゲイ男性であるVさんは、学生時代に、同性愛者が多く集まるサークルで知り合った、2人の友人について語る。

V：身近に特別な事例があるんだよね。ある台湾独立主義者と中国人が付き合ってるんだ。しかもその人は中台統一を主張する中国人なんだよね。だから自分はとても驚いているんだ。彼らはなぜこんなに長い間付き合っているのかとね。すごく変わってて、彼らはもう4、5年は付き合ってるんだ。彼らの政治的立場は両極端なんだよね。あの中国人は「お前達は我々中国の、大陸の一部分だ」と言うんだけど、もう一人の方は「中国と台湾は絶対別物だ」と言ってるんだ。で、「お前は中国人で、自分は台湾人だ」って言うんだ。政治的立場がこれだけ違うのに、あの人達は4、5年も付き合ってられるゲイなんだよね。こういうのは特に変わっていると思う。今もまだ付き合ってるんだよ？　自分達は、彼らをとても変わってると思う。一人がコメントで「我々大陸はああだこうだ」と書くんだけど、もう一人が「中国はああだこうだ」って返信するんだよ⁉　片方は大陸って言って、もう片方は中国って返信する。どうやったらこの2人はそれでも喧嘩にならないの⁉　変わってるよ。

——2人の関係は良好なの？

V：分からないよ！　でも少なくとも、見たところはまだ付き合ってるね。これは自分達にとっても、とっても不思議なことなんだ。もしも自分なら、絶対無理だから。まぁ、中国人を無理矢理、本当に好きになれというなら、まだできると思うけどね。でも政治的立場がそれほど違うのは無理。もしも彼が自分に「自分の事を大陸人と呼べ」と迫るなら、自分は本当に付き合うなんて絶対に無理。

——もし付き合ったら、友人はどう反応すると思う？

V：周りはやっぱりおかしいと思うはずだよ！　中国人のボーイフレンドってことでしょ？　でも自分はまだマシだよ～。自分はあんまり政治的立場の違いが理由で人と……ほら、よく、政治的立場が違う事でネット上で他人と大げんかをする人いるでしょ？　でも自分はそうはならない。だから、自分が中国人の彼氏を持つのを友達が見ても、まだ変だとは思わないかも。でも、自分達の周りにはかなりコアな台湾独立主義者がいる。もしもかれらが中国人とつきあったら、とても変だと思っちゃうね。

――その、さっき言ってた友達、中国人の彼は学生なの？

V：そう。2人とも学生。4、5年台湾に住んでいるかって？　違う違う。実は台湾に来たのは1年だけで、その後中国に帰っちゃった。そして付き合い続けてるみたい。彼は台湾の大学に1年か半年くらい勉強に来ただけ。そしてまた中国に帰っちゃった。その後、さっき言ったように、彼は自分達に「自分の事を大陸人だと言え」って、「中国人と言うな！大陸人と言え！」とまで言うんだ。でも自分達はやっぱり彼を「中国人」と呼ぶ。つまり彼には彼の立場があって、私には私の立場がある、ということ。つまりお互い尊重し合ってる。これは台湾のとっても変わっている所で、台湾と中国の間では避けるのが難しいことなんだ。ちょっと上の世代の恋人同士みたいで、一生涯必ずお互いにこういった関係が必要になるんだ。

ここで少し背景説明をすると、多くの中国出身者や統一主義者は、台湾を中国の一部であると考え、「(中国) 大陸と台湾」という2つの地域が一緒になり、一つの中国になるという表現をする。一方、多くの台湾独立主義者は、中国を台湾と別な国家であると考えるため、「中国と台湾」という表現をする。したがって、親密な関係にある2人の間で、中国人が「大陸」と言っているのを、台湾人が「中国」と言い換えるのは、2人が政治的に真逆の立場にあること、そして、日常的な政治的言語空間の闘争を表している。

そのため、「中国出身の人をどの様に呼称するか」という点だけでも、日常会話は政治的立場の表明に繋がり、その緊張関係が彼の同性愛コミュニティの中でも表面化するのだ。そしてVさんは、この2人の関係を、何度も「変だ」とか「おかしい」とか「不思議」な親密性として、奇異の目を向ける。この様に、同性間での親密性に「異質性」を付与され続けてきた同性愛者でさえも、中国・台湾カップルの親密性に対し「異質性」を付与する光景は、その中国と台湾の緊張関係の強さを物語っている。実際に、中国人女性と付き合っていた経験があるトランス男性のQさんはこう語る。

Q：民進党は中国と緊張関係を強める。自分に中国人の彼女がいた時、ニュースについて沢山議論した。台湾のレポーターがどう解釈したか、中国のレポーターがどう報道したか。聞いてると、完全に異なった2つのストーリーになってる。で、2人で政治的緊張につい て議論してたんだけど、しなかった……いや、した。少しね。自分達が政治について議論した時、毎回喧嘩になったんだ。でも、いくつか喧嘩した後、2人で話し合った結果、お互いが合理的な考えで議論しなくてはいけない、そして、感情的な言葉をお互いにぶつけない、個人攻撃をしないって決めた。でも、民進党が、人々に中国を嫌いになる様に奨励しているのは、少し……不必要な緊張を生むと思うんだ。自分は、どんなに仲の良い友達でも、政治についての話は避けるんだ。みんな自分の意見を持てるし、自分の意見を認めろ、とは言わないいし、自分が相手の意見を認めなきゃいけないい必要性もない。

——政治的な話は避けたい……

Q：そう、そう！　事実だけ話せばいいんだ。例えば、この前の血友病の子の事件。台湾人男性と離婚した中国人女性が、中国人男性と結婚したんだ。２人は中国人なんだけど、元夫が台湾人男性だったから、彼女は台湾のパスポートを持ってて、彼女の子供も台湾のパスポートを持ってた。でも、コロナのせいで、彼女らは中国で足止めされてしまったんだ。で、彼女らは台湾にきて、子供の為の高額な手術とか医療を受けたかったみたいで。それが大論争になった。なぜかというと、彼女達は中国が大好きで、中国を愛していて、中国に住んでて、台湾にすら住んでない。でも子供に罪はないし、法的に台湾パスポートを持ってる。でも彼女らは台湾のことをすごく悪く言ったから、それが台湾人達を怒らせたんだ。

——Qさんはこれについてどう思ったの？

Q：政治に熱心な友達とこの件について話したけど、彼女（友達）はこの中国人女性がフェイスブック上で「いかに台湾が劣った場所か」とか「いかに中国は偉大な国だ」とか書いた話を見せてくれて。中国人のガールフレンドとも議論したんだけど、彼女も中国視点かちニュースをシェアして（笑）。で、最終的に両方の情報を見て、「その中国人母の態度は悪いね」って話になった。でも子供に罪はないんだけど。両親はあり得ないほどひどい。かれらは中国人のアイデンティティがあるのに、台湾の健康保険を利用しようとしたんだ。

——こういう事はよくあるの？

Q：ある。実は、多くの台湾人のビジネスマンも、中国に移住してビジネスをしているけど、病気になると、医療のためだけに台湾に帰るんだ。で、治療が終わると中国に戻る。

——それは問題だと思う？

Q：実際、問題だと思う。多くの人が健康保険を当たり前の様に扱ってる。住んでないのに、その恩恵だけ貰って。税金使って。それは、国の借金を増やす事につながる。

前節（189頁）で説明した通り、台湾にはいうなれば「健康保険ナショナリズム」が存在する。ここで語られたニュースは、台湾の身分証を有した中国人女性が、中国への旅行に対する第3レベルの警告が既に発されていたコロナ禍にて、ロックダウンになる事を知りながらも、春節に武漢市のある中国湖北省の親戚を訪れ、血友病の子供のための医療費が中国では高額である事を理由に、2月になってから「台湾へ戻りたい」と願い、台湾への不満をネット上で爆発させた事が、「自己責任だ」と大論争になったのである。「共産党を愛している」と述べた彼女は、最終的に台湾に戻ることに成功し「台湾の健康保険に感謝している」と述べたわけだが、彼女の事を「親中だ」「同情に値しない」「台湾の資源を無駄にするな」という批判的意見が集中したのである。

Q：中国人の元カノとは、一年半付き合った。中国への学生の交換留学みたいな機会で、同じワーキンググループになって知り合って。彼女は異性愛女性で、全く性的少数者の事は知らない人で。でも、告白して、自分がトランス男性である事も伝えて。自分が台湾に帰ってからは遠距離になったんだ。

Q：自分達はとても異なる育ち方をしてる。同じニュースが、中国では異なる解釈がされ、台湾でも異なる解釈がされる。小さい頃からの教育だと思うんだけど、それが彼女と自分の大きなギャップだった。彼女の一面は絶対に理解できないと思うことがあった。彼女の、いかに自分の国や政党らを好んでいる態度とか。あ、「政党ら」じゃなくて「政党」だね。単数系……（苦笑）。そういう所は自分は絶対に理解できない。でも、自分達はお互いをリスペクトしたんだ。最初は問題だったんだけど、時間が経つにつれて、議論をして、合理的になって、お互いのことを理解したんだ。自分達は、お互い、自分の国を愛しているんだ。

彼女は「台湾は中国の一部だ」とは言わないし、自分は「台湾は独立国家だ」って言わない事にしたんだ。これが……逃避だったのか、リスペクトだったのか、分からないけど……。同じかもね。お互い、好きだったし、お互いの意見を変えないでいたかったんだ。

——彼女は中国に強いナショナルアイデンティティがあったの？

Q：そう。かれらはとてもと〜っても、愛国心の強い人達だからね。分からないよ。若い時から教育で洗脳されてるんだよ。

——自分が彼女に与えた影響はどう？　この事に関して。

Q：あるよ。お互い、とても考えたんだ。ニュースに関して2人とも深く考察する様になったんだ。ただ鵜呑みにするんじゃなくてね。それはとても貴重な学びだったよ、彼女から学んだ事として。

——台湾では、中国人の人と付き合うのは珍しい事だと思う？

Q：分からないけど、実は自分の親友も中国人と付き合ったんだ、しかも全く同じ時期に！

（笑）で、彼女らも自分と同じ時期に別れたんだよ（笑）。

——親友もそういう政治的な話題で似た様な問題になったの？

Q：国の事は、ポリティカルコレクトな言葉で議論してたみたい。中国人は中国を愛さないといけないし、共産党を好きでなくてはいけないし。これは仕方がない事なんだ。事実だよ。自分が作り話をしてるわけでも、噂話でもない。そのレズビアンの親友とその中国人の彼女も、とても沢山喧嘩してたよ。

——台湾人と中国人が付き合うことを、台湾の人々はどう見ていると思う？

Q：あははは（笑）。ないないないない（笑）。肯定的では全然ないよ（笑）。なんでだろう。民進党が理由もなく人民に中国を嫌う様に言ってるから？　中国人が中国人である事を理由に嫌ってるんだ。中国人の中にも、いくらか少数の優しい人はいる。好きで中国人に生まれたわけではない人もいるのに。

——周囲の友人はどう見ていたの？

Q：そうそうそう！　かれらは、なぜ自分が中国人と付き合えるのか、全く理解ができないって言ってた。殆どの人が、懐疑的な目で自分を見た。特に、感情的に政治熱心な人達が。殆どっていうか、全員そうだね。自分が中国人と付き合ってる事に懐疑的な目線を向けた人は、全員政治に熱心な人達だった。

ここで述べられている「政治に熱心な人達」とは、幅広い台湾独立派の事を指しており、中国に対する――それが更なる本質主義的な差異構築に貢献する時がある事に意識的でありながらも――抵抗的な言説構築、そして脱帝国主義を目指すことに支持的な言動をする者達のことである。かれらがなぜ中国・台湾カップルの親密性に懐疑的な目線を投げかけるのか、それは「純潔」を尊ぶネーションへの「裏切り行為」とみられるからである。

その様なプロミスキュイティさ（誰とでも寝るみだらさ）は、ナショナルな境界を破壊するという意味で、とても「変な」、クィアな存在である。この様な「異質性」を付与されるかれらは、「敵か味方か」「親中か否か」「男か女か」「異性愛者か同性愛者か」といった、他者からの二分法的な枠組みの中で「問われ続ける存在」なのである。Qさんは続けて、法的な性別移行を（望むものの未だ）済ましていないトランス男性として、中国人女性と付き合う上での法的困難について語った。

――同性婚が合法化された時どう感じた？

Q：ポジティブな経験だったと思う。ようやく結婚できる選択肢ができたから。そのニュースを……元カノに話したんだけど。彼女は中国人だから、自分達はまだ結婚できない。違う国籍だから。それに加えて政治的問題もある。だから……あぁ……そう言われると、ポジティブな経験じゃなかったなぁ。複雑な気持ちだったよ。

——じゃあ、他のとても喜んでいる人達とは、ある程度異なった感情を持ってた？

Q：そう。だって、地域限定だったから。彼女は、自分達のことを喜ばしく思ってくれたけど、彼女も複雑な気持ちだったみたい。自分達は違う国の人だし。とても深刻な話し合いをしたよ。例えば、自分が中国に働きに行って、中国滞在する可能性を考えたり。それか、彼女が台湾に働きにきて台湾滞在するとか。でも、どちらの方法もダメだった。なぜかというと、自分は中国の環境を気に入らなかったし、LGBTQフレンドリーでは全くない。で、彼女は台湾には法的な理由で滞在できない。台湾は、中国人を台湾に滞在させることを法的に制限しているから。台湾人と結婚する事だけを例外としてね。でも、自分達は結婚できないから、その可能性はなかった。だから、2人とも複雑な感情だったんだ。

——それで、2人は……？

Q：結果、別れちゃったんだよ……（笑）。ま、これが原因というわけではなくて。この議論の1ヶ月後に別れちゃったんだ。

――もし結婚できたら、別れていなかったと思う？

Q：うん、思う。だって、遠距離恋愛は長期ではやってられないから。いつか一緒に住んで、一緒に生活しないと。遠距離恋愛って携帯と、WeChat（中国のＳＮＳ）と恋愛している様なもんだもん。

――中国人が台湾に滞在する事が法的に難しい事について、どう思う？

Q：それは政治的な問題だね。で、その政治的状況を変える事はできないから、ただその事実を認めるしかない。この政治的緊張は個人で変えらないし。人々には声があって、抗議もできるけど、権力を持った人が最終的に決めるから。

――中国人が台湾で生活をするのは大変だと思う？

Q：（長いため息）。若い人は、感情的に中国人に対して思うとこがあるから、中国政府に対して。でも少しは中国人に対してではなくね。でも少しは中国人に対して感じる人もいる。コロナのせいで中国人の学生が台湾に帰ってこれなくなった時も、卒業の為のグループプロジェクトに参加できなくなったことを、台湾のクラスメイトはすごい愚痴って「かれらはお金を我々に払うべきだ」って言ったの。すごく怒ったよ。だから、台湾の環境は、中国人移民にとっては良くないよ。そういうことをいう人達に対しては……複雑な気持ちだね。桃園（引用者注：台湾北西部の市で、東南アジア出身の外国人労働者が多く居住している）で見る、フィリピン人移民を見て、かれらの行動や振る舞いを見てステレオタイプを持つのと同じで、台湾にいる中国人の公の場でのマナーがあまりなってないのをみると、皆が「中国はひどい国だ」ってイメージを持つ。まぁ、政治とニュースも影響するよね。台湾は中国の悪いことしか言わないから。良いニュースを聞いた事がない。

ここでQさんが述べている「自分達は一緒に居られない」というのは、重層的な政治的・法的困難に起因する。まず、Qさんが、法的な性別移行を望んではいるものの、家族や法的な理由、経済的、心理的理由などの様々な困難がある事で、法的には女性のままであるトランス男性であるために、中国人の彼女とは法的に結婚ができないのである。法的困難はそれに留まらず、そもそも中国籍である事は、台湾滞在において非常に法的なハードルが高い事を意味する。なぜなら、中国籍の人にとって台湾に滞在するためのビザ取得は、異性間における婚姻ビザ以外では極端に困難な状況であるからだ。更にその異性間の婚姻ビザですら、他の外国人とはプロセスが異なり、いくつかの条件をクリアせねばならない。

そのため、台湾人が中国に働きに行くという選択肢を除けば、共に暮らす手段は政治的・法的な理由によって、かなり困難であると述べたのである。仮に中国に滞在する選択肢があったとしても、Qさんにとっては、「政治的な葛藤」や「性的少数者に対する不寛容さ」を挙げ、中国行きはあり得ない選択肢であったと語る。また、さらにQさんはこの経験をきっかけに、「もう台湾人以外とは付き合わない」と考えを変え始めたという。

――実際に同性婚が合法化されて一年くらい経つけど、前と比べて今はどう感じている？

Q：とてもポジティブだよ。自分の決断だけど、もうこれ以降、遠距離恋愛はしない事に決めたんだ。だから、多分もう台湾に住んで、台湾人とだけ付き合って、他の国籍の人とは付き合わない事にしたんだ。ようやく、自分の結婚の権利を使おうかなって（笑）。

――限定的な同性婚が合法化された事で、同性婚を認めていない国出身の人との恋愛に変化があったと思う？

Q：……分からないけど、自分はそれ考慮に入れるね……。……うーん、それ…とても興味深い質問だね……。すごく今考えさせられた。

――結婚し得る可能性のあるパートナーかどうか、っていう事が、恋愛を始める時に影響すると思う？

Q：する！　する！　……同性婚を合法化する前は、そんな事考えることなかったのに……。……うーん。［…］そうだね。相手国がどの国か関係なく国際同性婚が、できる事が望ましいよ。だってもし同性婚の相手が台湾だけに限られていたとしたら、付き合う以前に、相手と付き合うかどうか先に考えちゃうもん。そうなるよ。そういう疑問は抱きたくないもん。

Qさんは、筆者との会話の中で段々と「限定的な同性婚ができた事で、結婚ができないなら、最初から外国人は恋愛対象外と決めつけ、内面化していたかもしれない」と、その気付きを興味深く何度も繰り返し伝えてくれた。

ある種の芸術品は特定の文化的能力、つまり、あらかじめコード（化）された文化的コードを有している人にとってのみ意味と面白みを有する。［…］配偶者の好みも同様だ。人々が教育プロセスで獲得した審美的センスに深く根ざしている。「結婚しうる」（marriable）対象になる条件は社会的価値観である。しかし審美的センス同様、配偶者の好みからは往々に政治的属性が取り除かれる。配偶者の好みは「自然な」感情として構築される。そしてそれは経済的・社会的条件と関わりがないものとされる。好みの脱政治化そのものに政治性があるのであって、権力関係を曖昧にする。権力関係の中にある緊張と矛盾は中和される。

（夏曉鵑 2018：306-7）

Qさんの語りから、台湾における限定的な婚姻の合法化が、「結婚しうる」身体を序列化し、「自然な」感情として、特定の外国人を恋愛「市場」から排除し始める様に機能した事がわかった。次に、国際同性婚と台湾―中国間における婚姻制度の問題について、どの様に考えているのか、Qさん以外の語りからも見ていく。まずは、国家安全保障上の問題や、スパイの可能性という話題について着目する。

B：勿論、国籍の点は早く解決してほしい。どういう国がOKで、どういう国がダメとかではなく、早く全部の国との結婚でもOKだしてほしい。とりあえず普通の、なんか、普通、というか異性愛の人、とあまり差がないようになってほしい。「同性愛の結婚だから、こういう国の人は駄目」っていう風にはしたくない。

――ただ、例えば中国からの結婚移民は、国籍取得とか、他の外国人とプロセスが違うよね？

B：あ、そうなの？　あー、そうかもしれない。香港は多分ちょっと中国よりは、取りやすいかもしれないけど。でも多分、他の外国の人と変わらないかもしれない。中国人が台湾の国籍を取る時ってどういう感じか分わからないけど、まぁ、大変でしょうね、スパイだと思われがちだし。

まず、国際結婚において、それぞれの国ごとに対する対応が異なる事が、そもそも共有されていない事が、いくつかの聞き取りで表面化した。「大変でしょうね、スパイと思われがちだし」と他人事の様に語るBさんと、前述したQさんの様な当事者と比べると、非対称性の大きさを物語っている。ただ、この「スパイ予備軍」を理由として国際同性婚に反対する保守派を、支持するインタビュー対象者は誰もいなかった。

V：これはちょっと行き過ぎだと思う。だって、結局スパイは異性婚でもできるわけじゃん！　結局同性婚をする人は一年でほんの少数だし。警戒すべきなのは、同性婚じゃなくて、異性愛の結婚でしょう。スパイだって、同志のスパイなんていうハードな身分を選ぶわけないだろうし、おかしすぎる。

では、現行の異性婚を含めた「中国人との婚姻」において、そもそも他の外国人とその対応が異なり、厳しい制限が課せられている事について、どう思っているか、質問をした。すると、多くは沈黙して考える時間が必要であったり、抵抗感を示しながら、回答してくれた。

――人によって、「他の外国人と中国人とで法的に異なる対応をする事は差別」であり「国籍に関係無く同じ対応をすべき」と言う人もいる。逆に、「中国と台湾の政治的緊張を考慮して、あまり簡単に中国人が台湾に来られるようにしてはいけない」という人もいる。あなたはどう思う？

U：この問題も実は考えたことがある。個人的な考えだけど、自分は、比較的前者に傾いているかな。自分は、誰も差別せずに一様に平等に扱わなければと思っていて、つまり（引用者注：中国人と外国人という区分けを無くし）両方とも外国人の身分にするということ。そして中国の身分を特別扱いしないということ。全ての人も一緒に厳格にするとか、全ての人が同じ制度でやるということ。厳格にするなら、全ての人も一緒に厳格にしなければならないと思う人が沢山いる、とは思っている。中国人に対して厳格にするということは、つまり政治的な配慮に基づいているからということでしょ！

――これは、差別だと思う？　不公平？

U：不公平だと思うよ！　差別かって？　差別かと言われたら、そうとも言い切れない。差別というのは強すぎるかもしれないんじゃない？　どう言ったらいいかな？　というのは、これは差別に入るのかなって思うからさ。自分はむしろ不公平に似ているって思うけどね。つまり、決して同等の待遇をしていないということ。自分にしてみれば、こんな感じ。差別と言うと、その人達に何かを加えているかどうかっていう感じかもしれないと感じるから。でも自分はそうとも限らないと感じるんだ。

Q：（長いため息）。とても複雑な質問だね。良い中国人にとってみたら、アンフェアに思うだろうし。それらの多くの書類や申請のせいで、中国人と付き合うことや結婚することはコストが高い事になってしまっている。でも、もし中国人がもっと簡単に台湾で結婚できるようになったら、あの国が台湾に何をしだすか分からない。わかる？（苦笑）今までも、なんでそんなことするの？　って事ばかり、理解のできない事をかれらはしてきた。中国は台湾の同性婚を自分の手柄みたいに扱ったり、我々の予想を上回ることばかりしてくる。だから、そういう、台湾人と中国人が結婚するときの厳しい制限を緩めたら、とても悪い結果が待ってると思う。だから、合理的ではあると思うよ。

V：そう、かれら中国人は比較的長期で、より厳しい基準を合格しないといけない。恐らく、国家安全保障上の問題が発生しないか恐れてるからかな。外国人と違う。実は不公平だっていう人もいるね。沢山そういう声がある。［…］中国とその他の外国に対する態度は違う。

けど、これは必要だと思うよ！　自分個人的には必要な事。だって台湾と中国の関係と、台湾とその他の外国の関係を同等にみなす事はできないから。これは全く違う関係だから。だって、他の国は、ややもすれば台湾を侵略したり、国際的に台湾を抑圧したりだってしないし。けど、中国はするでしょう。だから、国家安全保障の理由に基づいて、もっと安全な対策が少しは必要だと思う。ただ、中国を完全に制限するつもりはないけど、少しは必要だと思う。中国人と台湾人のカップルは、これを差別と言うかもしれないけど。そういうリスクがあるから、避けなくてはいけない。完全には禁止にはしないけど、制限が必要。

この様に、この質問に対する回答は、非常に意見が分かれる。Uさんは、「理想的には国籍による対応の差を無くしたい」と考えるが、中国に対する特別な制限に対して、それを「差別」とは呼ばず、政治的に必要な配慮としての「不公平さ」と捉える。そして、ここで驚くべき点は、あれだけ中国人女性の彼女との関係において、法的、社会的に苦労したと述べていたQさんが、「良い中国人」と「悪い中国人」を持ち出し、「もし中国人がもっと簡単に台湾で結婚できるようになったら、あの国が台湾に何をしだすか分からない」「厳しい制限を緩めたら、とても悪い結果が待ってる」「合理的ではあると思う」と述べた事である。実際に、中国人と同じ場所に滞在することに困難を感じていた、まさにこの当事者であったQさんにとって、国際安全保障上の理由や、Vさんの挙げる様な「台湾の侵略」や「国際的な台湾抑圧」などへの恐怖がそれを上回ったのである。ここからも、台湾人が、例えば香港の状況を見て、自分たちの生活も脅かされるのではないか、と国家生存としての側面を強く想像している事が見て取れる。
次に、「普通の婚姻制度と同じような制度」を求めることで、そもそもの婚姻制度（公的領域）の改革を求めないものとなることについて、以下の質問をしていった。今後、国際同性婚を合法化していく際に、運動の戦略としては、異性婚と同様な制度を求めるだけに留める方向と、その公的制度の改革をも求めた制度を作る方向と、またはそれ以外の可能性など、どの様な舵をとるか、というものである。すると、多くは前者の、異性婚と同様な制度に留める選択肢を選んだ人が圧倒的であった。

――じゃあ、国際同性婚を推進する運動は、国籍によって対応の異なる異性婚制度と全く同じ制度にする方向と、国籍によって対応を変えない新たな制度を求める方向と、どちらに進むと思う？

U：自分は当然二つ目だよ！　まぁ、自分は、同性婚は必ず異性婚と全く同じであるべきだと思っている。そうあるべき。これらのとっても基本的な権利は、本来健全なものであるべきだと思うんだ。でも事実上は、それが不健全だと知っている。だから実は、完全に異性愛規範の婚姻と異なる、パートナー制度が、生み出されることをずっと期待しているんだ。そしてそれは、現在の婚姻制度よりもずっとよいはずなんだ。

――では、運動はどういう方向になると思う?

U:現段階からいうと、絶対一つ目。絶対異性愛と同じにしないとだめって言うはず。一つは、政治的に、戦略的に、今日もしも自分が一人の運動家であって、この件(引用者注:同性婚)を推進しようとするなら、自分が比較的やりやすいのは、絶対異性婚と同じにすることだって、絶対言うに決まってるよ!「自分達はかれらと同じになりたい」って。これなら比較的答えやすい。それに、政治的衝突を避けられる。つまり中国、台湾、というディスコースの衝突を避けられる。そして同性婚は政府当局の支持を比較的得られるかもしれないし。だからこの件は比較的実現可能性があるんだ。そして二つ目だけど、運動がある時にはこういうのは起きちゃう事。いくつかの事柄を犠牲にしてしまうんだ。

V:台湾の団体は、この問題について議論するのをまず避けたいんだと思う。この問題を議論するとより複雑になるから。戦略を使って本当に上手くやるなら、先に他の外国の議論をしてから、台湾と中国の議論をするべきだね。ただ、この話はまず避けた方が良いと思う! 本当に運動をしたいと思うのならね。[…]運動は、異性愛と完全に同じ権利を追求しようとしている。基本的平等権。こういう言い方は実際よくいつも使われる。異性間では養子を貰えるのに、同性間だと何故ダメなの? とか。かれらの運動の戦略には、全て、多くが「異性愛と同じ標準」に私達をもっていかなければいけない、というのをよく見る。

Q：国籍で対応の差がある国際異性婚がある中で、対応の差が無い国際同性婚を求めたら……。この二つが存在したら、中国人の中でも、同性愛者の中国人だけがより簡単に台湾人と結婚できるって事になるよね。うーん……。やっぱり異性婚と同じにするのが、好ましいと思う。やはり台湾人は中国人が嫌いだし、自由に台湾に中国人が入ってきてしまうのは避けないと。……難しいね。国際同性婚を推進する上で、注目は必要だけど、そこの注目は避けないと、トリッキーになる。その問題関心は重要であると思うけど。しかも避けられない指摘ではあるよね。

結果はこの様に、やはり国家安全保障を口実とした抵抗感が拭えない様な回答であった。つまり、このテーマは台湾にとって非常にセンシティブすぎて、この話が前面に出てしまうと、戦略としては運動の目標を達成することが困難になると捉えられているのだ。必ずしも、無批判に「異性愛と同じ」制度をただ求める事に賛同しているわけではないが、やはり、今ある実現可能な選択肢や運動の側面を見ると、リソースや戦略から考えた結果、現在の政治状況において、このテーマの問題化は、批判が大きすぎて難しい、という見方である。

調査対象者の多くが、これは「本質主義的に陥った、ナショナリズムやレイシズム」なのか、それとも「その生命を脅かされているわれわれ台湾として、正当な不平等さ」なのか、葛藤していた様である。非常に興味深いのは、葛藤しつつも「やはりこれは正当な不平等だ」と回答する多くが、様々な差別に対してNOを突きつけ、「愛に性別はない」「愛に国境はない」などと声をあげてきた人々である。それほどまでに、「台湾への侵略」が色濃く出る点において、この議論は困難を極める。

B：本当に結果としてこれは、台湾は中国の一部になったらもうしょうがないと思ってて。国民党になって、中国寄りになって、台湾が中国の一部になったら、めっちゃ悲しいけど、それもしょうがない。だからその為に、今すごい頑張って日本の永住権を得ようとしてる（笑）。あ、でもそうなっても自分の事を「中国人」とは絶対に言わない。もし台湾という国がなくなったら、考え直す。日本人になるかもしれない。そうだね、難しいね。

中には、「そもそも、中国人の性的少数者が、台湾に移民しにきたいなどと思うのか」という疑問を述べる者まで現れた。

「中国から台湾に婚姻のために移民したい同志？　ないない（笑）。」

――どうして？

「えぇ？　台湾に来たい人……？　いるぅ？　かれらは台湾の事見下してるからさぁ。」

（2018年夏、台北での参与観察より　ゲイ男性）

これは、中国人ゲイ男性のDさんへの聞き取りからも発露した。

D：台湾への移民……。確かに、これ前に考えた事あるけど、冷静に一般的に考えて、台湾にわざわざ移民したいと思う中国人はいないでしょ。香港ならまだ可能だけど。

――それはどうして？

D：一つ挙げられる理由としては、台湾人は大陸人に対してあまりウェルカムではないから。香港は、なんであろうと、中国大陸によって実際に管理されてる地域だから。でも台湾は違う。中華民国政府は、大陸人を排斥するからさ！

――という事は、政治的緊張関係が理由という事？

D：そう。台湾が喜んで大陸人を望むのであれば、大陸から来たい人が来るかもしれない。けれども、つまり、台湾人は大陸人を望んでいないんだ。

――それは、同志の人であっても？

D：うーん。台湾に移民したい……？　そんな事を口にする人は、誰からも聞いた事ない。幼少期からずっとね。香港はあるけど。で、同志だったら……。なぜ台湾にわざわざ移民しなくてはいけないの？　もし結婚のためだけなのだったら、頑張って米国に移民したほうがいいでしょう！　どうして台湾に移民？　台湾は進もうにも引こうにも窮まる場所だよ。中国語を話し、同性婚があるというだけ。そういう資格のある地域だけども、優れた地域ではないから。結婚と自由で解放的な環境を享受したいのなら、米国に行けばいいじゃないか！　でしょ？　もしくは、より洗練された生活をしたいなら、日本に行けば良い。もっとスタイリッシュな生活なら、ヨーロッパに行けば良い。台湾は、いま言った様な、何か突出したものはない場所じゃん？　それに、政治的にも曖昧な立場になるし。中華人民共和国から中華民国に籍を変えるなんて、それは「移民行為」じゃなくて「反逆行為」の一種だよ。奇妙すぎる。だから、ほとんどの人がそんな選択肢は取らないはず。

――米国なんだね

D：一般人の頭ではそう考えるでしょうね。アメリカじゃなくても、とりあえず、よりLGBTフレンドリーな場所、例えば、ヨーロッパ、オーストラリア、ニュージーランドとか。

この様な「台湾にわざわざ移民したい人はいない」という中国人Dさんの発言には、台湾へ移民することの法的困難さよりも、そして「台湾で中国人として生活する」上での、社会的からの懐疑的な視線、さらにアジア限定での性的例外主義を謳う台湾よりも「開放的」とされている西洋諸国の覇権などの背景が見える。興味深いのは、Dさんがいかに台湾を「誰も移民したくない場所」「中国語と同性婚があるだけの資格がある、優れてはいない『地域』」「大陸人を排斥する場所」「大陸人にウェルカムではない場所」「洗練されていない」「スタイリッシュでない」「西洋よりは自由で解放的ではない」「突出したもののない」場所であると、劣位に置き、その場所へと移民する行為を「反逆行為」の一種であると述べたことだ。

当たり前かもしれないが、結婚移民の動機には、「愛の為」へ全ての要因が集約しているわけではなく、政治的、経済的、社会的な要因などが大きく関わってくる。例えば、米国のクィア移民アクティビストは、移民が、しばしば「堪え忍んでいる労働搾取の問題」を強調すること（Chavez 2010：137）を挙げる。そのことは、国際同性婚を当時望む当事者であり、東南アジアからの移民であるマレーシア華人のFさんの聞き取りからも出てきた。

F：勿論国際同性婚は通ってほしいけど、それができても、自分の状況はあまり救われないかな。だって、結婚移民は、全てのものを捨ててくることと繋がるから。自分にとっては、それより、台湾での仕事とか、どうやって生きてくかの方が心配だから。

つまり、結婚移民は、婚姻それだけに注目しているのではなく、それ以上に、生活や家族、言語、文化、経済、政治的状況などの課題に向き合っているという事だ。チャベズによると、クィアと移民は、「よそ者」という点において、同様な排除を受けてきたと指摘される（Chavez 2010：138）。例えば、新自由主義とポスト9・11同時多発テロの米国は、ボーダーコントロールの重要性をより強調し、クィアと移民の性／生を脅かしてきたことが挙げられる。ここで注目したいのは、「よそ者」とは、ただ「我々のようでは無い」だけではなく、「敵」でありながらも、「我々のように」偽装するかもしれない存在（Phelan 2001）として忌避される点だ。言い替えると、どちらも、「我々のような」異性愛者の市民であるかのように「偽装するかもしれない存在」とされるわけだ。よって、「スパイか／そうでないか」、「親中か／そうでないか」、「良い中国人か／悪い中国人か」、「異性愛者か／同性愛者か」、「男か／女か」、「台湾人か／偽装した台湾人か」など、台湾における中国人とのクィアな親密性は、「我々に擬態する可能性のあるよそ者」として、常にその存在や立場性を問われるのである。

さて、これまで様々な視点で台湾の国際同性婚にまつわる様々な課題を見てきたが、本節を締めくくるにあたり、２０２３年時点での国際同性婚の状況を補足したいと思う。まず、このインタビュー調査の後、様々な国際同性カップルが不服を訴え、訴訟では涉民法四六条の適用を排除し、同性婚未承認国籍の同性パートナーとの婚姻を認める事例が出たものの、戸籍の窓口では依然として婚姻登記が受理されない扱い（鈴木 2022：265）が続いた。不服を訴えた代表的な例としては、マレーシア、香港、日本、マカオ、シンガポールのパートナーを持つ台湾人ら国際同性カップルの婚姻登記をめぐる闘いがあり、一度不受理となった後に告訴し勝訴するという、つまり「訴訟して入籍する」事態が続いたのである。この辺りの詳細は鈴木の『台湾同性婚法の誕生』（2022）が詳しい。

さらに変化は激しく続き、台湾内政部が２０２３年1月19日、従来の解釈を変更し、台湾人の婚姻相手の国・地域が同性婚を認めていない場合も、婚姻届を受理するとする通知（ただし中国を除く）を発した。これにより多くの国際同性カップルは、訴訟せずとも結婚することが可能となったのだ。つまり、個別の訴訟を行わなくとも、戸籍窓口で婚姻登記が受理されるようになったのである。蔡英文も、２０２３年5月17日（国際反ホモフォビア・トランスフォビア・バイフォビアの日）[1]にフェイスブックで「あれから4年、本来の家庭は変わらず、より多くの人が制度の保護の下、平等に家庭を築くことができるようになった。今年1月初めには、（行政院の新たな）解釈を通じて、より多くの国際同性カップルが、戸籍窓口へ婚姻届を提出することが許可され、もう「#飄洋過海還來看你（海を渡って会いに行く）」必要がなくなった。（…）台湾は自由な台湾であり、民主的な台湾である。この土地で生活を営む私たちは、自身と異なる人々に対して、もっと寛容で友好的になることができるし、台湾を多元的で愛に満ちた社会に変えることができる。」と投稿した（中央通訊社 2023）。

しかし、この度重なる不受理や判決、解釈変更のニュースがある度に、「後回し」にされた中台カップルは切実な訴えを繰り返す。「台湾は先進的な国だ」「台湾人として誇らしい」という喜びの声が溢れる中、一方で「中国人のパートナーなんて、偽装結婚の可能性はどうするのだ」「スパイが」「中国人との同性婚には反対」という反応が都度噴出し、明確な非対称性と共に「自由になる順番」をかれらは身をもって経験していた。

なお、念のため誤解を招かぬように言及しておくが、伴侶盟が、中台カップルらの権利含め、この「国際同性婚のヒエラルキー」に対して無批判であったというわけでは決してない。むしろ政府や内政部がこの問題を放置し、解決に積極的ではなかったことに強く不満を示し、中台カップルの権利が保障されないことにも遺憾の意を示していることを記しておく。なお、2023年10月のプライドパレードにて、台湾と中国のカップルを含めた国際同性カップルらへの支持を示した様子（写真5-4）を、伴侶盟がフェイスブックで投稿している（台灣伴侶權益推動聯盟 2023）。しかし、そこで掲げられている「彼女は共匪（共産主義者を指す蔑称）ではない。彼女は私のパートナーにすぎない。私は台湾を売り渡したり（裏切ら）ない。ただ、彼女と結婚したいだけだ。」というプラカードに見られるように、中台カップルに向けられる「まなざし」は、他の国際同性カップルとは政治的に明らかな差異がある。この（中台異性愛カップルにも向けられてきた）懐疑的視線は、中台の緊張関係と共に続くことが予想される。沈黙を強いられる人々を想像しつつ、差別解消のために声を上げるかれらに、引き続き着目すべきだろう。

5-5　小括

本章では、結婚上の「好み」が有する政治性を明らかにした。そこには、トランスナショナルな形においても、階級、エスニシティ、ジェンダーなどの地位と関わりあいながら、異性愛規範などとの親和性の高い事柄や身体を、自ら欲望する様なヘゲモニーがうかがえる。更にそれは、構造的な要因を隠蔽し、「真の愛」や「愛の強さ」があればなんでも乗り越えられるといった様な、脱政治化、または個人化される事で、「自然な」感情として、結婚しうる理想的身体と、そうではない身体を構築する。

そして、それを問題化しようとする時、その変革は、主流派社会の「恐怖を煽らない」形で、という限定付きで、ナショナリズムを駆り立てる装置としての「一國四制」という名称や、「国際社会から承認されるに値する台湾となるためにも」といった台湾ナショナリズムと共に、限定的な平等を求める。

そこで挑戦するべきは、ホモフォビアのみではなく、家庭性や消費性に根ざした脱政治化的なゲイ文化に限定しない、階層や教育にまつわる構造的差別、移民排斥、それに伴う労働問題、人種差別、女性差別、トランスフォビア、HIV陽性者に対する差別など、そしてそれら複数が重層的に重なり合っている交差性への注目ではないだろうか。なぜなら常に運動の後回しとなるのは、物語の「主人公になれない」性／生であるからだ。

注

1　1990年5月17日に、WHOが同性愛を国際疾病分類から除外したことを記念して定められた記念日。

所有人
都不該被落下
支持台灣中國同婚
No one should be left behind. We support Taiwanese & Chinese couple's marriage rights!
她不是共匪
她只是我的伴侶
我不會賣台
我只想和她結婚
台灣 × 中國同婚
需要你的聲援!
大家開心結婚已經 1619
我們還在等待婚姻平權.

写真５－４

終章　名もなき運動や声と共に

本研究では、様々な面から、台湾ホモナショナリズムを見てきた。まず、本書を貫くリサーチクエスチョンに立ち返ってみる。筆者が本研究の課題として設定したのは、「周縁化された性／生を生きる人々にとって、（中国を念頭に置いた）台湾ホモナショナリズムや婚姻制度は、どの様に解釈されているのか。更に、それに批判的でありつつも、構造的弱者とされる人々の生存の試みを矮小化しない、差異を意識した連帯や抵抗がどう可能となるか。」である。では、本研究を通じて解明できた、リサーチクエスチョンへの応答について論じていく。

まず、台湾ホモナショナリズムとは、共同体としての異性愛規範は維持しつつ、台湾をアジアにおいて例外的に「同性愛に寛容」な場とし、（中国を念頭に）国家・文化的な優位性を特徴付ける形で、同性愛者を国家に内包する言説であり、アジアにおける新たな性的例外主義として批判される。しかし、従来のホモナショナリズム概念において想定される「同性愛嫌悪的他者」は米国において「構造的弱者」であるムスリムだが、台湾で想定される「同性愛嫌悪的な他者」は国際社会において「構造的強者」である中国である。更に、米国文脈におけるホモナショナリズム批判は、「確立した国家」という前提でのナショナリズム批判から始まっており、「確立した国家」

が自明ではない台湾とは議論の始点が異なる。よって、米国の文脈を安易に適用する事による、構造的弱者批判への危険性が懸念される。つまり、台湾ホモナショナリズムとは、新たなわたし（たち）の排除を生みかねない構造的問題を孕みつつも、同時に「台湾という存在自体」を維持することに寄与していると分析できる。

また、台湾ホモナショナリズムを、欧米文脈依存的な読みで理解することの、弊害または罠を示せただろう。例えばそれは、「同性婚・ナショナルビルディングを望む者」を「目の前の自由へ短期的に飛びつき、『誤った意識』によって『普通になりたい』などと妄想や欲望を構築した愚か者」と描いたり、「婚姻制度解体・ナショナリズム批判派」を「机上の空論ばかりを語り、運動の即時的な戦略性をも無視した、西洋理論を暴力的に振りかざす者」と二項対立的に捉えたりする様な「二者択一的な落とし穴」に嵌ることである。

つまり、台湾における非規範的とされる性／生を生きる人々は、「同性婚推進」という時間も「婚姻制度脱構築」という時間も、「ナショナルビルディングの試み」という時間も「ナショナリズムに反対する姿勢」という時間も、一見矛盾したような複数の多層的な「時間」を内在させて生きているのではないかということである。この背景には、一方で「西洋思想が形作る国家主体形成」の要請があり、一方では「西洋文化的覇権にもとづいた制度批判の目を持ち、ナショナリズムを反省せよ」という要請が課せられる台湾の状況が反映されているのであろう。言い換えると、これらの「二者択一的」現象は、ただ単に互いに対立したものではなく、むしろポストコロニアルな文脈と切り離せない形で、その枠組みを問われ続けながら、どちらの要請にも応えざるを得ないからこそ起きている現象、と捉えるべきではないか。

さらに、全てをポストコロニアルな文脈に回収され、台湾の主体性を矮小化されない様に、抵抗している人々の姿も本研究で見ることができた。何を成し遂げても、米国を筆頭とした西洋社会、日本、中華人民共和国、中華民国、そして漢民族など、重層的な植民構造に全て回収される事への抵抗があってもおかしくない。そういった政治的・歴史的・地理的な文脈を軽視した台湾ホモナショナリズム批判は、逆に非規範的とされる性／生を生きる人々の主体性をも軽視することへと繋がるであろう。

そして、中国のみを念頭とした単一的な台湾ホモナショナリズム批判に限定されない、視野を広げた批判・分析が行われるべきではないかという点も強調したい。本研究では、中国以外との関係、例えば他のアジア周辺国との関わりから触発される、複数性を有した「われわれ台湾」意識への注目を行うことで、中台関係のみにフォーカスをあてる枠組みからの脱出も図った。

これらを通して、「台湾＝LGBTユートピア」という表面的な先進性イメージにも、「性的少数者を利用し、われわれは進歩的な人民だと自惚れた、プロパガンダ的な完全悪のナショナリスト」という脱文脈化された安易な単一的理解にも回収されない、「非規範的とされる性／生を生きるわたし（たち）」を描けていれば幸いである。周縁化された性／生を生きる人々にとって、「台湾は先進的」という語りは、驕りでもありながら、暴力的でもあり、プライドでもあり、そして主体性を有した生存への道でもあるのである。

クィアスタディーズ、フェミニズム、そしてわれわれには、この様な複数の自己内部の差異に対する単純化への欲望に抵抗し、アンビバレンスや矛盾に耐える能力、そしてシングルストーリーに回収されない、今はまだ名もなき運動や声に対する、さらなる想像が必要なのではないか。

なお、本研究における様々な限界についても言及したい。例えば、中国のフェミニストや性的少数者の視点を十分には盛り込めなかったこと、22人のインタビュー協力者の属性が比較的若いこと、やや教育階層が高いことなど、その他無意識な視点も含め、偏りがある（むしろ偏りは無いと謳っている調査ほど、怖いものはないと筆者は考えるが）。ただ、台湾ホモナショナリズムについて、日本語で書かれたインタビュー資料はまだ少ない状況だと認識しているところ、ぜひ、本調査に記載されている「生の声」を土台に、活発に議論を広げ、多々ある本書の未熟な点も批判し、次に繋げていってほしい。筆者も将来はぜひ、中国に住む性的少数者や、より多くの移民バックグラウンドを持った人々にも話を聞いてみたいし、コミュニティ内調査も行い、本文でも言及はしたものの、様々な制約によって深くまでは今回盛り込めなかった、ポリアモリー、原住民、BDSM、無性愛などのコミュニティについて焦点をあてた語りの接続も、次の課題としたい。人々を表象する調査者の暴力的な責任に向き合いつつ、本書が誰かの糧となれたら、そして、全ての人々の生きづらさが少しでも緩和されるよう、貢献できたら嬉しい。

そして最後に、「台湾は、アジアで初めての同性婚を合法化させ、先進的で民主的な価値観を持つ国として、誰もが結婚できる、自由で開放的な社会を作った。そして、国際社会におけるロールモデルとなり、性別にかかわらず誰もが普通の市民として扱われる空気の中で、誇らしいムードに溢れている。」

……と、序章に書いたこの文章を、あなたはスラスラと違和感なく読めただろうか。この本を読み終えた時には、きっと同じ読み方はできないようになっていることと思う。その引っ掛かりを大事に、バトンを繋げていってほしい。

あとがき

本研究をまとめるきっかけは、幼少期の経験に遡る。日常的に台湾との接触をしてきた私は、思えば「一般家庭」では聞かれないだろう言葉や概念がいつでも飛び交う環境にいたと思う。当時の私は、自身のあり方を上手く言語化できず、自分の為の言葉を自分で紡ぐ事があまり無かった。そんな私が徐々にその抑圧されてきた感情に気づいたのは、中・高での米国滞在、国際基督教大学、カリフォルニア大学、台湾大学院で出会った、様々な形で「まなざされた」経験を持つ人達や、力強い沈黙の抵抗を通して生存空間を切り開く人々との接触だ。

特に印象的なのが、2014年に沖縄で出会った、同性婚と婚姻制度に反対する性的少数者たちだ。当時18歳の私は、無批判に「同性婚は当然『解放の道』に決まっている」と自明化していた自分に衝撃を受けたのである。その後、学部でジェンダー&セクシュアリティスタディーズを専攻し、人種・エスニシティに関するテーマと交差させ、30人の性的少数者へのインタビュー調査を米国で行った。アンドキュクィア（書類を持たないクィア移民）への聞き取りや、インターセクショナリティという概念を作りだし、単一カテゴリーから零れ落ちる性／生の可視化に大きく貢献したキンバリー・クレンショー教授と出会えた事も、研究の原動力となっている事も述べたい。

そんなカリフォルニアでの調査中（2017年）、台湾の同性婚合法化に関するニュースが飛び込み、突如「台湾は進んでいる」だの「羨ましい」だのといった言葉が、シャワーの様に私へ降りかかった。「非国民」やら「スパイ」やら、割と自分のルーツについて好き放題言われてきた私は、急に賞賛的な態度を取る人々に対して複雑な思いを抱えていた。むしろ「こんな手のひら返しってある？」というのが当時の正直な思いである。同時にそれは、人の意識はこんなにも容易く変わるのかと、「同性婚＝国の先進性」というシンボルの強さを感じた瞬間でもある。同時期に、白人ゲイ男性から、台湾人としての私に「アジア人にしては、君は先進的だね（You are progressive for an Asian.）」と「褒められた」経験がある。「（後進的な）アジア人にしては、（他のかれらとは違って）君は先進的だね」など、かなり屈辱的だが、咄嗟に言い返せなかった事を当時悔やんだ（自責する必要は無い）。思えば、「国の先進性／成熟度の高さ」を測る尺度として容易に使われる「同性婚」に、強い違和感を持ち始めたのもこの頃だ。

同時に、あまり触れないようにしていた自分のルーツに向き合いたいと感じていたのも、この時期であった。台湾のルーツを持つと、人によっては、レイシストに愛される経験を持つことがある。私の場合、「台湾って親日だよね、韓国とか中国と違って」と言って、「美しき誤解」のもと日台友好を掲げられるのが代表例だ。「（親日であるはずの）台湾人なのに、なぜ日本の批判を？」と混乱を私にぶつける人にも出会った事があるが、是非そのまま混乱して頂きたい。私はもう主流派にとって「理想的な良い子」を演じるのには疲弊したし、「はい、私があなたの言う○○だったとして、何か問題でも？」と、むしろ開き直った反骨精神で生きたいのである（もちろん、そのような生存戦略を取ることを否定しない）。

今回私は、「我々は自由で先進的な台湾人である！　中国人なんかではない！」という言説を強く批判しながら、同時にそれが過度に矮小化／否定されるべきではないという、（複合性を無視し、単純化の欲望に従う者にとっては）側から見ると矛盾を孕んだことを描いた。この試みは、個人的にはクィアだなと思っている。矛盾していて、なんともおかしい。この視点は私の経験からくるものが大きいだろう。ナショナリズムに長らく翻弄されてきた自分にとってこの言葉は、どうしても心からは共に叫べない、もどかしさがあるのだ。そして同時に、強く自分のアイデンティティを否定、さらには抹消しようとしてくる力に対して、強固なカテゴリーで対抗する戦略の重要性も身に染みて分かる。そして困ったことに、私は日本人としてパスする特権も持っていて、それら全てを経験しないよう、見なかったフリをして沈黙する生存戦略（＝悪魔の囁き）を取ることだって、つまり、すぐに差別の温存に加担できてしまう存在でもあるのだ。しかし、納得がいかなかったのだろう。だからこそ「二者択一ではない、矛盾を抱えることの可能性」に道を見出したのだと思う。フェミニズムもクィアスタディーズも、二元論への懐疑的思考に長けた学問だ。

この様に、時にマイノリティだって権力構造と共犯関係になり得る現実を目の当たりする経験など、本研究へと繋がるプロセスは一言で語る事はできない。本書を読んで「水を差すな」と感じる人もいるかもしれないが、それでもやはり同性婚「のみ」が運動のゴールと設定され、その他の諸問題が検討されない危険性について声をあげる人達を知って、筆を取った次第だ。本書には未熟な部分もあるに違いない。何か気づきの点があれば、ぜひ本書を批判し、より活発な議論を重ねてほしい。

さて、今日まで実に多くの方々にお世話になり、本書をまとめる事ができた。昨今の出版事情の中、このような出版の機会を与えて下さった花伝社の皆様、そして常に丁寧で優しく寄り添って頂いた編集担当の家入祐輔さんに、深い感謝を示したい。

本書は、一橋大学大学院社会学研究科へ2021年度に提出した修士論文『台湾ホモナショナリズムをめぐるアンビバレンス――「先進的な我が台湾＝LGBTユートピア」における「非規範的とされる性／生を生きるわたし（たち）」の生存を求めて――』を大幅に加筆・修正したものである。限られた方のみとなってしまい心苦しい思いではあるが、この場をお借りして謝意を述べさせて頂きたい。

まず主指導を頂いた小林多寿子先生、副指導をして頂いた森千香子先生に感謝の意を述べたい。様々なバックグラウンドを持ったゼミ生との多角的な議論のお陰で、大学院生活が豊かなものとなっていた。特に安心して「笑いながら怒りや悲しみを語れる」セーファースペースをつくり出す森先生には、様々な相談に惜しげも無く時間を割いて頂いた。他にも、生駒夏美先生、エミリー・トゥマ先生、加藤恵津子先生、貴堂嘉之先生、洪郁如先生、佐藤文香先生、清水晶子先生、ジェニファー・テリー先生、ソニア・デール先生、田中かず子先生、鄭芳婷先生、堀江有里先生らからは、貴重な知見や刺激を沢山頂いた。

そして、今回のインタビューに協力してくれた大切な友人達、そして数えきれないほどの団体、コミュニティ、活動家の皆さんにも感謝したい。トランスナショナルな形で、個人的な付き合いを沢山させて頂いた。かれらとの出会い無しでは、この研究は成し得なかったであろう。他にも、学術的・精神的に支えてくれた戦友の遠藤壮一郎には、共闘への感謝の意を捧げたい。脅かされる身体に対しての思慮深い考察と、考察に留まらず、葛藤を抱えながらも行動を続けるその姿を見て、これまで共に歩いてこられた事を誇りに思う。

また、（時代の変化を信じたいが、家族の無理解も多いと聞く）「性・人種にまつわる研究」を専門に大学院まで行くことや、留学に深い理解を示し、個人的な悩みどころか、研究の悩みに対しても耳を傾けてくれた家族にも、感謝の意を示したい。

最後に、このテーマで書こうと決めた私自身にも、労いとその勇気を讃えたい。私の私なりのフェミニズムは、個の経験と構造との関係を軽視しない。上手に怒れず、沈黙と笑顔で耐えてきた自分がここまで生き延びられたことには、フェミニズムとクィアスタディーズが持つエンパワリングな力に依るものが大きいだろう。様々な顔を思い浮かべ、まだまだ書き続けたい気持ちに駆られたが、ここで筆を擱く事とした。どこかで区切りをつける勇気も必要であり、この研究が、現段階での一種の解説として、社会に、そしてまだ名も無い運動や声に、少しでも貢献できれば幸いである。

参考文献

［英語文献］

Bailey, Marlon B., Priya Kandaswamy and Mattie Udora Richardson, 2004, "Is Gay Marriage Racist?," Mattilda aka Matt Bernstein Sycamore ed, *That's Revolting: Queer Strategies for Resisting Assimilation*, New York: Soft Skull Press, 87-93.

Brake, Elizabeth, 2012, *Minimizing Marriage, Morality, and the Law,* Oxford: Oxford University Press.（久保田裕之監訳，2019,「最小の結婚――結婚をめぐる法と道徳」，白澤社.）

Chauncey, George, 2004, *Why Marriage?: The History Shaping Today's Debate Over Gay Equality*, New York: Basic Books.

Chavez, Karma R, 2010, "Border (In)Securities: Normative and Differential Belonging in LGBTQ and Immigrant Rights Discourse," *Communication and Critical/Cultural Studies*, 7(2): 136-155.

Chen, Chao-ju, 2019, "Migrating Marriage Equality without Feminism: Obergefell v. Hodges and the Legalization of Same-Sex Marriage in Taiwan," *Cornell Journal of International Law*, (52)：65-107

Duggan, Lisa, 2003, *The Twilight of Equality?: Neoliberalism, Cultural Politics, and the Attack on Democracy*, Boston: Beacon Press.

Franke, Katherine, 2015, *Wedlocked: The Perils of Marriage Equality*, New York: New York University Press.

Gould, Deborah B, 2012, "Education in the Streets: ACT UP, Emotion, and New Modes of Being," Peter Lang ed, *Counterpoints Sexualities in Education: A Reader*, New York: Peter Lang, (367): 352-363.

Halberstam, Judith, 1998, *Female Masculinity,* Durham, NC: Duke University Press.

Halperin, David M, 2003, "The Normalization of Queer Theory," Journal of Homosexuality, 45(2-4): 339-343.

IGF Culture Watch, 2006, "Forging a Gay Mainstream," (２０２１年１月６日取得, https://igfculturewatch.com/?s=Forging+a+Gay+Mainstream).

Kissack, Terence, 1995, „Freaking Fag Revolutionaries: New York's Gay Liberation Front, 1969-1971," *Radical History Review*, (62): 105-134.

Lauretis, Teresa De, 1991, "Queer Theory: Lesbian and Gay Sexualities," *A Journal of Feminist Cultural Studies*, 3(2): iii-xviii.

Phelan, Shane, 2001, *Sexual Strangers: Gays, Lesbians, and Dilemmas of Citizenship*, Philadelphia: Temple University Press.

Prasad, Pushkala, 2005, *Crafting Qualitative Research: Working in the Postpositivist Traditions*, Routledge.

Puar, Jasbir K, 2006, "Mapping US Homonormativities," *Gender, Place & Culture*, 13(1): 67-88.

――――, 2007, *Terrorist Assemblages: Homonationalism in Queer Times*, NC: Duke University Press.

Rubin, Gayle, 1984, "Thinking Sex: Notes for a Radical Theory of the Politics of Sexuality," *Pleasure and Danger: Exploring Female Sexuality*, Ed. Carole S. Vance. Boston: Routledge and Kegan Paul.

Schulman, Sarah, 2011, "Israel and 'Pinkwashing'," *The New York Times*, (２０２３年７月17日取得, https://queeramnesty.ch/docs/NYT_20111123_Israel_Pinkwashing.pdf).

Spade, Dean, 2015, *Normal Life: Administrative Violence, Critical Trans Politics, and the Limits of Law, Revised and Expanded Edition*, Durham and London: Duke University Press.

Stryker, Susan, 2008, "Transgender History, Homonormativity, and Disciplinarity," *Radical History Review*, (100): 145–157.

Sueyoshi, Amy, 2009, "Inequality in the Marriage Equality Movement," *National Sexuality Resource Center*, （２０２０年12月12日取得，https://faculty.sfsu.edu/~sueyoshi/content/inequality-marriage-equality-movement）．

［日本語文献］

汪明輝（ティブスング・エ・ヴァヴァヤナ・ペオンシ），2006,「台湾原住民族運動の回顧と展望―加えてツォウ族の運動体験について―」『立命館地理学』，(18) 17-28.

夏暁鵑，2018,「『外国人嫁』の台湾-グローバリゼーションに向き合う女性と男性」前野清太朗訳，東方書店．

何春蕤，2013,「『性／別』撹乱――台湾における性政治」舘かおる・平野恵子編，御茶の水書房．

川坂和義，2013,「アメリカ化されるLGBTの人権：『ゲイの権利は人権である』演説と〈進歩〉というナラティヴ」『国際基督教大学ジェンダー研究センタージャーナル』,(8)：5-28.

GQ Japan, 2022,「プライド月間に考えたい『ピンクウォッシング』とは？」，（２０２３年７月17日取得，https://www.gqjapan.jp/culture/article/20220609-pinkwashing-1）．

杉本均，1999,「マレーシア華人の民族教育動態と国際関係：ジョホール州華語教育の動向を中心に」『京都大学大学院教育学研究科紀要』(45):17-44.

鈴木賢，2020,「台湾の同性婚法制化から何を学ぶか――第10回（最終回）」台湾から何を学ぶか」，TOKYO RAINBOW PRIDE HP,（２０２１年１月７日取得 ,https://trponline.trparchives.com/magazine/columnessay/17460/）．

――――, 2022,「台湾同性婚法の誕生――アジアLGBTQ+燈台への歴程」日本評論社．

台北市政府，2013,「全民健康保険」，台北市新移民専用コーナーHP,（２０２１年１月７日取得 ,https://nitj.taipei/cp.aspx?n=321532DE93091960）．

ハフィントンポスト, 2019,「台湾で実現した同性婚の法制化『日本にとっても特別な意味ある』と専門家」,（２０２１年１月７日取得, https://www.huffingtonpost.jp/entry/taiwan-same-sex-marriage-jp_jp_5cde776ae4b00735a9146b1a）.

フォーカス台湾, 2019,「『中国台湾が同性婚法制化』と共産党機関紙 外相、ツイッターで痛烈批判」,（２０１９年5月20日取得, https://japan.cna.com.tw/news/achi/201905190004.aspx）.

福永玄弥, 2016,「『蔡英文は同性婚を支持します』——ＬＧＢＴ政治からみる台湾総統選挙」, SYNODOS,（２０２０年12月12日取得, https://synodos.jp/international/15953）.

——, 2017a,「台湾におけるフェミニズム的性解放運動の展開——女性運動の主流化と、逸脱的セクシュアリティ主体の連帯」瀬地山角編『ジェンダーとセクシュアリティで見る東アジア』勁草書房, 92-135.

——, 2017b,「『ＬＧＢＴフレンドリーな台湾』の誕生」瀬地山角編『ジェンダーとセクシュアリティで見る東アジア』勁草書房, 187-225.

——, 2017c,「同性愛の包摂と排除をめぐるポリティクス：台湾の徴兵制を事例に」『Gender and Sexuality』(12)：157-182.

——, 2017d,「性的少数者の制度への包摂をめぐるポリティクス：台湾のジェンダー平等教育法を事例に」『日本台湾学会報』(19)：29-49.

——, 2019,「ポスト帝国主義とホモナショナリズムの同床異夢：日本と台湾のＬＧＢＴ運動の『連帯』」, 日本台湾学会第21回学術大会発表論文, ２０１９年6月8日.

毎日新聞, 2017,「〈科学の森〉「核のごみ」 揺れる台湾 離島に保管、島民は移転要求」（２０２３年11月28日取得, https://mainichi.jp/articles/20170427/org/00m/010/006000c）.

松岡宗嗣, 2019,「アジアにおける人権の灯台になる」台湾の同性婚法制化への道のり」, Fair,（２０１９年5月25日取得, https://fairs-fair.org/taiwan-marriage-equality-0524/）.

若林正丈，2008,「台湾の政治：中華民国台湾化の戦後史」東京大学出版．

――――，2014,「現代台湾の『内地民国』――例外国民国家の形成と国家は――」『東洋文化』（94）：9-27.

［中国語文献］（拼音順）

國立臺灣歷史博物館，2013,「還我土地運動」（２０２３年11月28日取得，https://the.nmth.gov.tw/nmth/zh-TW/Item/Detail/64d208b5-55b1-4fa9-b9e9-ff58244c8d77）．

婚姻平權大平台，2020,「婚姻平權大平台 2018－2019 工作報告書」，（２０２３年11月26日取得，https://equallove.tw/sites/default/files/report-files/20200518_%E5%A4%A7%E5%B9%B3%E5%8F%B0%E5%B7%A5%E4%BD%9C%E5%A0%B1%E5%91%8A%E6%9B%B8190x260mm-%E5%B7%B2%E5%A3%93%E7%B8%AE.pdf）．

華視新聞，2016,「工程師妻帶2子輕生 絕望原因曝光…」，（２０２３年２月25日取得，https://news.cts.com.tw/cts/society/201605/201605051747924.html）．

紀大偉，2012,「正面與背影：台灣同志文學簡史」台南：國立台灣文學館．

賴凱俐，2020,「飄洋過海來看你：跨國同志伴侶的親密關係為何顛沛流離?」，台灣伴侶權益推動聯盟 HP,（２０２０年12月10日取得，https://tapcpr.org/main-topics/tssm/story/post/2020/11/09/飄洋過海來看你：跨國同志伴侶的親密關係為何顛沛流離?）．

老丹，2021,「B款-横式彩墨彩虹鯨魚」，Facebook,（２０２３年11月30日取得，https://www.facebook.com/denischen0426/photos/a.1604635243119420/2975121086070822/?type=3&mibextid=WC7FNe）．

劉文，2015,「酷兒左翼『超英趕美』?:『同性戀正典化』的偏執及臺灣同志運動的修復詮釋」『應用倫理評論』（58）：101-128.

全國法規資料庫，2010,「涉外民事法律適用法」，全國法規資料庫 HP,（２０２０年12月10日取得，https://law.

moj.gov.tw/LawClass/LawAll.aspx?pcode=B0000007）.
台灣伴侶權益推動聯盟，2020a,「跨國同婚」，（２０２０年12月10日取得，https://tapcpr.org/main-topics/tssm）.
――――――, 2020b,「組織簡介」，（２０２０年12月10日取得，https://tapcpr.org/tapcpr-news/about-tapcpr）.
――――――, 2023,「走在同遊遊行隊伍裡，一面面彩虹旗帶路，我們好像不那麼孤單了。」，Facebook,（２０２３年11月29日取得，https://www.facebook.com/tapcpr/posts/pfbid02Znpzds2jFA71ycFGbs7ogx4EaXvFpNZAurG1mLLubaim8FDPiULeXp83Jj1EguCUl）.
中華民国内政部，2023,「内政部統計年報」，（２０２３年11月26日取得，https://ws.moi.gov.tw/001/Upload/400/relfile/0/4405/48349492-6f8c-453b-a9d1-4a8f0593b979/year.html）.
中央通訊社，2019,「同婚專法亞洲第一 立院三讀通過」，（２０２０年12月10日取得，https://www.cna.com.tw/news/firstnews/201905185001.aspx）.
――――, 2023,「國際不再恐同日 蔡總統：讓台灣社會多元充滿愛」，（２０２３年11月29日取得，https://www.cna.com.tw/news/aipl/202305170050.aspx）.
信傳媒，2019,「違憲、違反公投是假議題 民團訴求對撞使同婚專法難產」，（２０１９年５月17日取得，https://www.cmmedia.com.tw/home/articles/15560）.

［本調査］・［中華民国 単一国籍保持者］

	歳	出生時指定性・性自認		性的指向	人種／エスニシティ	備考	調査数／時間
H	23	F	クエスチョニング・ラベル無し・女性的スペクトラム（女性的表象を拒絶した幼少期）	全性愛	山奥出身タイヤル族 母：閩南系漢民族 父：タイヤル族（原住民）	修士学生・オーストリア短期留学・ポリアモリー・英／独／中／客家／アタヤル語話者	4回 7h 32m
I	19	M	男	ゲイ	恐らく閩南系漢民族	大学生	2回 4h 09m
J	25	F	流動的（性別的な身体違和はないが、Kinkyな意味合いで身体変容を行う）	流動的・異性愛者ではない・恐らく全性愛・男性的男性や女性的女性は受け付けない	不明だが漢民族	フリーランス（イベント企画・獣医・セックスワーカー・翻訳業など）・学士取得・BDSMer・ポリアモリー・拒食症	2回 6h 13m
K	21	M	男	ゲイ	閩南系漢民族	大学生	2回 4h 29m
L	23	F	ジェンダーノンバイナリー・トランスマスキュリン（医学的な面を示す為に使用）	クィア・レズビアン（消失中カテゴリー）・無性愛スペクトラム	母：閩南系漢民族 父：上海系外省人 母方祖母：恐らく客家系	大学休学中（Covid-19パンデミックのため、オランダの大学より帰国中）	2回 5h 19m
M	26	M	男	ゲイ	閩南系漢民族	修士学生	2回 4h 12m
N	29	F	ジェンダーノンバイナリー・クィア	全性愛	母：閩南系漢民族 父：外省人	博士号取得・弁護士・ノンモノガマスオープンリレーションシップ・ややBDSM・日本留学有	3回 10h 13m
O	26	F	ジェンダーノンバイナリー	両性愛	母：客家系漢民族 父：閩南系漢民族	就業者（都市開発）・台湾で学士号、オランダで修士号取得	2回 4h 56m
P	24	F	女	レズビアン寄・両性愛	遅らく閩南系漢民族	就業者（エンジニア職）・学士	2回 3h 27m
Q	24	F	トランス男性（性別移行希望だが未移行）	異性愛	閩南系漢民族	大学休学中・高校で米国留学・親宗教深、花蓮仏教高Boardingスクール	2回 4h 29m
R	20	M	男	ゲイ	母：澎湖人 父：広東人	大学生・BDSMer	2回 4h 10m
S	20	F	ジェンダークィア・ノンバイナリー	両性愛	閩南系漢民族	大学生・香港長期留学	2回 4h 19m
T	28	M	男	ゲイ→クィア移行中・無性愛スペクトラム	閩南系漢民族	博士学生・モルモン教家庭	2回 5h 15m
U	27	F	女	流動的・非同志・非異性愛・全性愛に近い	恐らく漢民族	就業者（研究センター）・修士号取得	2回 4h 42m
V	24	M	男	ゲイ	恐らく閩南系漢民族	大学生	2回 4h 20m

資料

インタビュー対象者

［予備調査］

	歳	出生時指定性・性自認		性的指向	人種／エスニシティ	備考	調査数／時間
A	29	M	男	バイロマンティック・ゲイ	閩南系漢民族	就業者（日本勤務）・訪日してまもない	1回1h 56m
B	27	F	女	ラベル無し（両性愛やクエスチョニングという意味でのクィアには近いが、カテゴライズ自体に強く反対と回答）	正確には不明（台湾は閩南も客家も知らずに混ざった人も多く不明と回答）	就業者（日本勤務）・台湾で学士、日本で修士号取得・フランス長期留学・米国や中国へ短期出張経験	1回2h 25m
C	21	F	70％女	クエスチョニング（両性愛）・「好きになった人が好き」	不明だが漢民族	大学生	1回2h 15m

［本調査］・［非中華民国籍／重国籍者］

	歳	出生時指定性・性自認		性的指向	人種／エスニシティ	備考	調査数／時間
D	23	M	男	ゲイ	中華人民共和国籍・中国人（西安・漢民族）在台半年	修士学生	2回4h 10m
E	25	M	男	ゲイ	マレーシア華人・在台約5年・	修士学生・中／英／マレー語話者	2回5h 29m
F	30	M	男	ゲイ	マレーシア華人・在台約10年アイデンティティは「Chinese Malaysian」でも「中国人」でもなく、「華人」であり、「マレーシア人」にも葛藤がある。福建省ルーツの祖父母から自身まで全員マレーシア生まれ。祖父母は「我々中国人」と言うが絶対に「マレーシア人」とは言わない。	博士学生（台湾で学士・修士号取得）・兄妹と中国語、両親と広東語、祖父母と福建語、マレー・インド系とは英・マレー語を使用	2回4h 21m
G	22	M	ジェンダーノンバイナリー	両／全性愛・無性愛スペクトラム	中華民国＆日本籍・台湾出身華裔日系二世香港ダイアスポラ台北で生まれ、幼少期を台湾（約11年）、青年期を日本（約10年）と北米（約1年半）で過ごす。中日英国語話者。母：日本人、父：上海人（祖父）＋外省人2世（祖母）の香港人。	短期就業者（台湾の大学へ入学予定）・中／日／英語話者	2回5h 57m

松田英亮（まつだ・えいすけ）
1996年香港生まれ。日・米・台で育つ。中文名：胡英亮。国際基督教大学卒業後、一橋大学大学院社会学研究科修士課程修了。カリフォルニア大学アーバイン校、國立台灣大學院留学。専攻はジェンダー・セクシュアリティ、クィア、社会学、人種・エスニシティ論など。『ジェンダーについて大学生が真剣に考えてみた：あなたがあなたらしくいられるための29問』（明石書店）出版に携わる。現在、独立行政法人国際交流基金に勤務。劇団バナナ劇団員。

台湾ホモナショナリズム
――「誇らしい」同性婚と「よいクィア」をめぐる22人の語り

2023年12月25日　初版第1刷発行

著者 ――松田英亮
発行者 ――平田　勝
発行 ――花伝社
発売 ――共栄書房
〒101-0065　東京都千代田区西神田2-5-11出版輸送ビル2F
電話　03-3263-3813
FAX　03-3239-8272
E-mail　info@kadensha.net
URL　https://www.kadensha.net
振替 ――00140-6-59661
装幀 ――北田雄一郎
印刷・製本―中央精版印刷株式会社

ISBN978-4-7634-2096-1 C3036